es 1738

edition suhrkamp

Neue Folge Band 738

Gender Studies
Vom Unterschied der Geschlechter

An Pornographie haben sich die Geister immer schon geschieden. Die einen glauben, Pornographie sei ein Zeichen größter Liberalität; die anderen meinen, Frauen widerfahre in der Pornographie eine ungeheure Diskriminierung und Degradierung, die letztlich in sexuelle Gewalt gegen Frauen münde.
Drucilla Cornell, eine der bekanntesten Feministinnen der USA, greift mit dem vorliegenden Essay in die aktuelle Diskussion ein – ohne feministische Perspektiven aus den Augen zu verlieren, jedoch auch ohne moralistische oder rechtliche Konsequenzen zu ziehen, die auf eine Einschränkung der Meinungsfreiheit zielen.
Drucilla Cornell ist Professorin für Rechtswissenschaften an der Benjamin N. Cardozo School of Law in New York.

Drucilla Cornell
Die Versuchung der Pornographie

Mit einem Vorwort von Barbara Vinken

Aus dem Amerikanischen
von Vincent Vogelvelt

Suhrkamp

Eine erweiterte amerikanische Ausgabe ist 1995 bei Routledge, New York, erschienen.

edition suhrkamp 1738
Neue Folge Band 738
Erste Auflage 1997

Satz: Jung Satzcentrum, Lahnau
Druck: Nomos Verlagsgesellschaft, Baden-Baden
Umschlagentwurf: Willy Fleckhaus
Printed in Germany

1 2 3 4 5 6 – 02 01 00 99 98 97

Inhalt

Barbara Vinken
Das Gesetz des Begehrens –
Männer, Frauen, Pornographie

I

Welchem Gesetz unterliegt das Begehren – das ist die Frage, die Drucilla Cornells Auseinandersetzung mit Catharine MacKinnons Standpunkt zur Pornographie untergründig leitet. Die Antworten, die die beiden Juraprofessorinnen auf diese Frage geben, könnten verschiedener nicht sein. Diese Abweichung kann als Indiz für die im amerikanischen Feminismus aufklaffenden Differenzen gelesen werden. Im Zentrum dieser Differenzen steht die Frage nach Subjekt und Begehren.

Die amerikanische Debatte um die Pornographie wird im juristischen Kontext des Ersten Amendments geführt, das vergleichbar mit dem Status unserer Grundrechte ist und das die Rede- und Meinungsfreiheit garantiert. Sie steht im größeren Zusammenhang von Fragen »sexueller Belästigung« (*sexuell harassement*) und »verleumderischer Rede« (*hate speech*), und sie spaltet zunehmend kontrovers »Liberale« und »Konservative«.[1] Brisanz gewinnt sie durch den geschlechterpolitischen Aspekt. Das Recht auf Gleichheit wird gegen das Recht der Redefreiheit abgewogen. Der Gleichheit der Frauen, so ein Flügel des Feminismus, werde durch die herabsetzende Darstellung von Frauen in Pornographie Schaden zugefügt; Pornographie verletze die in der Verfassung garantierte Gleichheit der Geschlechter massiv.

Cornells *Versuchung der Pornographie*, geschrieben

als Erwiderung auf MacKinnons kürzlich erschienenes Buch *Nur Worte*[2], stimmt mit MacKinnon darin überein, daß Pornographie keine Randerscheinung ist, von einigen zwielichtigen Gestalten konsumiert, sondern ein unsere Kultur prägendes, allgegenwärtiges Phänomen – und damit auch eine einträgliche Industrie. Maßnahmen – darin stimmen MacKinnon und Cornell überein – müssen getroffen werden. Von der ganz unterschiedlichen Einschätzung des Begehrens und damit der Wirkung des pornographischen Szenarios abhängig sind jedoch die konkreten juristischen Maßnahmen, die MacKinnon und Cornell zur Regulierung von Pornographie vorschlagen. Zusammen mit der Schriftstellerin und Antipornoaktivistin Andrea Dworkin hat MacKinnon eine Eingabe beim Bundesgerichtshof gemacht, die nicht nur darauf abzielt, das Recht auf Gleichheit gegen das Recht auf Redefreiheit abzuwägen; in einem weiteren Schritt geht es darum, Pornographie nicht unter die im Ersten Amendment garantierte Redefreiheit fallen zu lassen. Das kann juristisch nur funktionieren, wenn Pornographie als Handlung und nicht als nur Worte, so der ironische Titel ihres Buches, als Gedanken oder Vorstellungen, verstanden wird. MacKinnon und Dworkin setzen sich nicht, wie oft mißverständlich angenommen, für Zensur von Pornographie ein; ihre Eingabe zielt nicht auf das Strafrecht, sondern auf das bürgerliche Gesetz. Sie würde es ermöglichen, daß Frauen durch Pornographie zugefügten Schaden einklagen könnten und dafür entschädigt würden. Dieser durch Pornographie zugefügte Schaden ist allerdings so weit gefaßt, daß es jeder Frau möglich wäre, die Vertreiber von Pornographie zu verklagen (*trafficking provision*).[3] Wenn man sich vor Augen führt, welche enormen Summen in den Vereinigten Staaten als Wiedergutmachung für erlittenen Schaden gezahlt werden, wird deutlich, daß ein solches Gesetz die Pornoindustrie an ihrer empfindlichsten Stelle treffen würde. Ein finanziell äußerst einträglicher Industriezweig würde zu einem Gewerbe mit uneinschätzbarem Risiko; de facto käme das einer Lahmlegung gleich. In ihren konkret vorgetragenen Vorschlägen setzt sich Cornell für die Einrichtung von Zonen (*zoning*) ein; anders als New Yorks Bürgermeister Giuliani geht es ihr jedoch nicht um eine völlige Verbannung von Pornovideoshops aus Wohnvierteln, sondern um einen Bann gegen öffentlich ausgestelltes pornographisches Material, das einem »ins Gesicht schlägt«.

Wohl kaum eine andere Debatte als die um die Pornographie zeigt die sprachphilosophischen und psychoanalytischen Einflüsse auf die juristische Diskussion so deutlich wie diese. Ein Ziel von Cornells *Versuchung der Pornographie* ist es, MacKinnons sprachphilosophische Argumente in die laufende Diskussion einzubauen und ihre unausgesprochenen, behavioristischen Grundannahmen zu thematisieren, um sie mit psychoanalytischen Kategorien zu konfrontieren.

Pornographie – so MacKinnons These – tut, was sie zeigt, und erniedrigt, demütigt, beschädigt Frauen erstens als Darstellerinnen von Pornographie; und zweitens, weil sie Frauen die pornographische Geschlechtsrolle aufprägt und sie so in der Wirklichkeit zu dem zu machen droht, als was sie in der Pornographie erscheinen; drittens, weil Männer den in der Pornographie genossenen zweidimensionalen Sex in der dreidimensionalen Wirklichkeit nachstellen wollen. Pornographie ist damit in der pornographischen Szene Vergewaltigung und führt zu Vergewaltigung. Pornographie ist Machtausübung von Männern über Frauen; sie ist reinster Ausdruck der Ungleichheit der Geschlechter, die sie gleichzeitig perpetuiert. Die Pornoindustrie muß deswegen so hart wie möglich getroffen werden, damit der männliche Pornographiekonsum so drastisch wie möglich eingeschränkt wird.

In der von Drucilla Cornell vorgeschlagenen Einrichtung von Zonen geht es nicht um eine Einschränkung des männlichen Pornographiekonsums; es soll vielmehr verhindert werden, daß man pornographischem Material schutzlos ausgesetzt wird. Pornographie unterliegt dem Gesetz des Unbewußten, und deswegen ist ihr mit dem bürgerlichen Gesetz schwer beizukommen. Pornographie ist Cornells Definition zufolge nicht wie für MacKinnon die Wahrheit des Sexes, sondern Inszenierung eines phantasmatischen Szenarios, das als Symptom der männlichen Abwehr der Kastrationsangst interpretiert werden muß. Pornographie ist aufschlußreich, weil sie das männliche Phantasma, was Sexualität ist und was Frauen für Männer bedeuten, lesbar macht.

Das Ergebnis dieser Lektüre, das ahnt man schon dunkel, ist geschlechterpolitisch betrachtet kaum erheiternder als die Analyse MacKinnons. Die Frau in der Pornographie ist die Projektion dessen, was der Mann zu sein fürchtet – der kastrierte Andere, schlimmstenfalls reduziert auf einen zerstückelten Körper, auf ein blutendes Loch – und eben Gott sei Dank gleichzeitig nicht ist, wie die gut ausgeleuchtete Dauererektion beweist. Daß die Frau auf das Symptom seiner Kastrationsangst reduziert und zur Projektionsfläche dessen wird, was er dunkel als sein Wesen fürchtet, ist aber nicht der einzige geschlechterpolitische Rückschlag von Pornographie. Pornographie verstärkt starre Identitäten von Geschlechtsrollen in dem Sinne, daß der Phallus als geschlechtliche Handlungsinstanz selbst bei Rollentausch innerhalb des Szenarios bestätigt wird.

Pornographie spricht Cornell zufolge nicht zum Schwanz, wie MacKinnon behauptet, sondern zum Unbewußten; und sie handelt nicht primär, sondern »spricht«. Da der Diskurs der Pornographie Wirklichkeit nicht abbildet, ist er nicht direkt auf das in der Gesellschaft herrschende Machtgefälle zwischen den Geschlechtern beziehbar; ebensowenig gibt es einen nachweisbaren kausal-mimetischen Zusammenhang zwischen Gewalt gegen Frauen und Pornographie. Die Verletzung der Pornographie liegt Cornell zufolge auch nicht darin, daß Pornodarstellerinnen mißbraucht werden; wäre das der Fall, hätten sie sowieso die Möglichkeit, Klage zu erheben. Cornell hebt in diesem Zusammenhang die Professionalität der Pornodarstellerinnen hervor, unterstreicht Selbstorganisation und Interessenvertretung, weist auf ihre Verdienstmöglichkeiten hin und vermutet vielleicht nicht zu Unrecht in der Reduktion von Pornodarstellerinnen auf einen bloßen Opferstatus typisch bourgeoise Überheblichkeit.

Doch auch Cornell leugnet nicht, daß Pornographie verletzt: nämlich das weibliche Imaginäre im Lacanschen Sinne. Pornographische Bilder drängen sich unausweichlich an jeder Ecke auf. Damit ist nur *einem* Imaginären – nämlich dem Imaginären des von seiner Männlichkeit obsessiv verfolgten heterosexuellen Mannes – ein völliges Monopol im öffentlichen Raum zugestanden. Die Bilder dieses Imaginären verletzen, indem sie weibliche Geschlechtlichkeit auf männliche Stereotype reduzieren; viel grundlegender noch verletzt gewalttätige Pornographie, in der die Frau mit ihrem zerstückelten Körper und ihrem auseinandergerissenen, blutigen Geschlecht konfrontiert und in ihrem Körperbild bedroht wird. Cornells Beschreibung dieser Konfrontation mit dem zerstückelten Körper legt nahe, daß es sich um eine Art von Traumatisierung handelt. Kein Mensch und insbesondere keine Frau sollte deswegen gegen ihren Willen diesem Bildmaterial ausgesetzt sein.

Drucilla Cornell wendet sich jedoch massiv gegen die von MacKinnon vorgeschlagenen Maßnahmen zur Eindämmung von Pornographie; unter anderem deshalb, weil das Problem von MacKinnons *trafficking provision* in der Definition des durch Pornographie zugefügten Schadens so vage ist, daß sie gerade das unmöglich machen würde, was Cornell zufolge das einzige Mittel gegen das Monopol des männlichen heterosexuellen Imaginären ist. Damit Frauen nicht mit dem pornographischen Phantasma »Frau« verwechselt werden, müssen sie die Möglichkeit haben,

Wörter und Bilder zu finden, um ihr Geschlecht auszudrücken.[4] Ansätze dazu sieht sie etwa in der weiblichen Pornoproduktion, die die Struktur der Mainstream-Pornographie unterläuft und deswegen effektiver ist als alle Eindämmung.

Cornells Kritik resümiert die gegen Catharine MacKinnon geäußerten Vorbehalte pointiert. Erstens hat MacKinnon demnach ein behavioristisches Modell des Begehrens, das der Komplexität des Begehrens in keiner Weise gerecht wird. Zweitens – und in dieser ideologischen Fatalität zeigt sich die Problematik des Modells mehr noch als in dem Faktum, daß es wissenschaftlich nicht haltbar ist – bleibt MacKinnon damit strukturell eben dem Diskurs verhaftet, gegen den sie sich so vehement richtet, nämlich dem pornographischen.

Für MacKinnon ist Pornographie zweidimensionaler Sex und funktioniert nach dem Reiz-Reaktions-Schema. Auf den durch die Abbildung entblößter Geschlechtsteile ausgelösten Reiz folgt prompt die Reaktion: Erektion und Masturbation. MacKinnon konstruiert das männliche Begehren nach dem Modell des Pawlowschen Hundes. Wie der Hund, so kann auch der Mann nicht anders; sein Begehren ist konditioniert. Damit funktioniert Begehren MacKinnon zufolge für den Mann ebenso, wie es das pornographische Szenario behauptet. Ihre Argumente sind Teil des Diskurses, der das pornographische Szenario ausmacht und den es tagtäglich als bare Münze, als die Wahrheit des Geschlechts verkauft. Sie bleibt in einem durch die Entwicklung der Psychoanalyse überholten Register, das von der strikten Zweiteilung in Körper und Geist mitsamt den dazugehörigen Assoziationen von hoch und niedrig ausgeht. Geschlechtlichkeit fungiert in diesem Register als ganz und gar ungeistige Tätigkeit, gegen die kein Argument gewachsen ist: »Versuchen Sie doch mal, mit einem Orgasmus zu argumentieren.«

Cornell geht es demgegenüber darum, Pornographie nicht als Realität, sondern – um es literaturtheoretisch auszudrücken – als Aufzeichnungsmodus zu beschreiben, der den *effet de réel* allererst produziert. Indem Pornographieproduzentinnen nicht primär die Geschlechtsteile nackt ausbreiten und das »realistische« Szenario nicht als nackte Wahrheit, sondern als Inszenierung entblößen, machen sie einen ersten Schritt in die Richtung, im *effet de réel* zu zeigen, was darin gewöhnlich versteckt ist – daß er nämlich ein Effekt ist. Pornographie ist das krasseste Beispiel für diesen Realitätseffekt, der sich im Moment seiner Wirksamkeit auslöscht. Die Sucht nach der Pornographie ist vielleicht nicht zuletzt die Sucht nach diesem »Realitätseffekt«, der für den realistischen Roman wie für das pornographische Szenario das A und O ist. Es wäre zu überlegen, ob dieser Hunger nach »Realität«, deren klarste Instanz die Pornographie ist, nicht die eigentliche Sucht unserer auf Literalismus insistierenden Zeit ist.

Pornographie ist in einem radikalen Sinne Fiktion, sofern es in ihr darum geht, ein phantasmatisches Szenario als die nackte Wahrheit des Sex darzustellen. Pornographie ist die reine Form der Fiktion, daß es Sex »einfach gibt«. Das Phantasma der gängigen heterosexuellen Pornographie besteht darin, daß es kein Phantasma gibt, sondern daß einem eben die Natur – in der natürlichen Materialität der Körper mitsamt ihrer natürlichen Triebhaftigkeit – so kommt und »sexuelle Grundversorgung« nicht mehr als recht und billig ist. Die Pornographie ist der krasseste Ausdruck des Phantasmas des reinen Triebes und der harten Fakten, des Phantasmas vom »Klartext«. Cornell hätte mit Moustafa Safouan, der den Literalismus als Phallizismus charakterisiert hat, das rhetorische und das psychoanalytische Register zusammenschließen können.[5] Catharine MacKinnons Diskurs zeigt alle Symptome dieses Literalismus, der ein Phallizismus ist.

II

Der von MacKinnon vertretene radikal-konservative Feminismus ist ein Feminismus protestantisch-puritanischer Ausprägung, in der die Frau sich als Subjekt dagegen wehrt, zum Objekt der Lust gemacht zu werden. Die Frau kann ihre Subjektivität nur auf Kosten ihrer Erotik behaupten; das jedenfalls scheint der in dieser Form von der Gesellschaft geforderte Preis zu sein, den sie als bürgerliches Subjekt mit Anspruch auf Gleichberechtigung zu zahlen hat. Sexualisierung der Frau heißt de facto Schwächung und Unterdrückung. Die Frau als Subjekt findet sich deswegen in einer paradoxen Verschreibung; sie muß unermüdlich beweisen, daß sie nicht auf ihre Sexualität reduziert werden kann. Aber gerade deswegen ist der Diskurs, den sie produziert oder der über sie produziert wird, ein hypersexueller Diskurs, dessen Tragik oder unfreiwillige Komik darin liegt, daß er sie auch und gerade in der Negation von Sexualität ausschließlich darüber definiert. Es ist kein Zufall, daß im Mittelpunkt dieses Feminismus immer noch die Vergewaltigung steht.

Frauen tauchen bei MacKinnon nur als Beleidigte, als Verletzte, als Vergewaltigte auf; als Opfer einer ihnen aufgezwungenen Sexualität, die das ihnen Angetane noch nicht einmal sagen dürfen und so tun müssen, als ob es ihnen gefiele. Sie wären zum Schweigen verdammt, liehe MacKinnon ihnen nicht ihre Stimme, spräche sie nicht in ihrem Namen. Dieses Pathos hat viel mehr als ihre juristischen Reformvorschläge MacKinnons Texte zu einem Faktor gemacht, zu einer Stimme, die gehört wird.

Weibliche Lust kann im pornographischen Szenario, hier ist MacKinnon kategorisch, nur ein tragisches Mißverständnis sein. Aber auch davon abgesehen ist Lust in der Begegnung der Geschlechter nach Lage der Dinge umstandslos in Macht übersetzbar, geht der eine Diskurs restlos im anderen auf. Die Welt ist unterteilt, um es in der drastischen Sprache Andrea Dworkins zu sagen, in *fuckers* und *fuckees*, Mächtige und Ohnmächtige; der sexuelle Akt ist in der jetzigen Situation der Ungleichheit der Geschlechter Machtausübung, Machtbestätigung, Durchsetzung von Macht. Männliche Lust, die in der Pornographie ihren krassesten Ausdruck findet, ist Lust an seiner Macht und ihrer Ohnmacht. Als Objekt der Lust also leidet die Frau und darf es nicht sagen – oder unterliegt einem wahrhaft tragischen Mißverständnis; als Subjekt der Lust kommt sie bei MacKinnon nicht vor.

So genau MacKinnon weiß, wie männliche Lust funktioniert, und so eloquent sie sich darüber äußern kann, so seltsam sprachlos ist sie, wenn es um weibliche Lust geht. Fragen der weiblichen Lust, scheint MacKinnon mit einem nicht unbeträchtlichen Teil der amerikanischen Feministinnen zu sagen, können erst wieder in einer gleichberechtigteren Gesellschaft diskutiert werden, in der die Macht zwischen den Geschlechtern besser verteilt ist. In früheren Jahrhunderten gab es für ähnliche Dilemmata immerhin noch die Hoffnung auf Kompensation durch himmlische Verzückung. Da wir auf solche himmelfahrende Entrückung kaum hoffen können, müssen wir uns wohl auf bessere Zeiten vertrösten lassen.

Drucilla Cornell hingegen steht fest in der liberalen Tradition von '68 und ihrem Versprechen einer Befreiung zur Lust. Sex trägt nicht den Stempel gesellschaftlicher Unterdrückung, sondern das Versprechen der Revolution. Der hausgemachte, *all american* Feminismus könnte diese Tendenz leicht auf schlechte fremde Einflüsse – einschlägig für das Thema natürlich französische – zurückführen. Weibliche Lust, weibliches Begehren und deren Darstellung jedenfalls sind für Cornell zentral.

Auch Cornell kennt die Männer – jedenfalls die weißen, heterosexuellen – und ihre Lust genau; unter dem analytisch klaren Blick bleibt ihnen nicht der Anschein eines Geheimnisses. Während der Mann, festgezurrt in den Fesseln seines alles andere als lustigen Triebschicksals in seinem phallizistischen Literalismus – Ausnahmen bestätigen die Regel – und seiner deswegen relativ totalen Verblendung für den, der Augen hat zu sehen, offen daliegt und wenig Möglichkeiten hat, zu entkommen, ist die weibliche Lust von irgendeinem Triebschicksal seltsam unbeschnitten, ein noch zu entdeckender Kontinent, ein Traumland der unbegrenzten Möglichkeiten mit offenem Horizont, ein ewig unabgeschlossenes, durch klare Definition nicht einzugrenzendes Feld, auf dem sich das weibliche Selbst entwerfen, seine Imagination befreien und entfesseln kann.

In Cornells Text treffen wir auf zwei unvereinbare

Diskurse, die nebeneinander existieren. Dies spricht nicht für die Inkonsistenz der Autorin; vielmehr ist es Symptom für ein weitverbreitetes Dilemma. Cornell verhindert eine Kollision, indem sie die beiden Diskurse geschlechtsspezifisch besetzt. Der eine bezieht sich auf Männer, der andere auf Frauen. Auf der einen Seite steht ein analytischer Diskurs, der primär ein Erkenntnisinteresse verfolgt. Aufgrund seiner vom Subjekt gewonnenen Erkenntnis entlarvt dieser Diskurs das dem traditionellen Politikbegriff wie dem traditionellen Recht zugrundeliegende Konzept eines intentionalen, selbstbestimmten Subjekts mit Einsicht in seine Motive als Mythos. Das Interesse Cornells an dieser Erkenntnis hinwiederum scheint zu sein, die Männer ihrem analysierten Triebschicksal ganz auszuliefern, während sie die Frauen uneinholbar durch die Hintertür entkommen läßt; wie sie mit dem Andrängen der von ihnen genauso und mit vielleicht verheerenderen Folgen verworfenen phallischen Mutter oder der ihnen ebenso beigebrachten narzißtischen Wunde umgehen, wird jedenfalls gnädig im Dunkel gelassen. Manchmal legt ihr Text die Vermutung nahe, als gäbe es ein männliches etabliertes und ein weibliches noch zu gewinnendes Symbolisches. Ohne in orthodoxe Lacanquisquilien verfallen zu wollen, geht kein Weg daran vorbei, daß sich das Symbolische im Zeichen des Männlichen, dem vielleicht nicht das Weibliche, ganz sicher aber Frauen wie Männer qua Subjekt – wenn auch auf unterschiedliche Weise – unterworfen sind, etabliert.[6] Bei Cornell kommt es zu einer fatalen Gleichsetzung von Frau und Weiblichkeit. Symbolisch

– um es in kruder Kurzformel zu sagen – sind »Frauen« diejenigen, die der Phallus sind, »Männer« diejenigen, die den Phallus haben. Weil Cornell zufolge die Frau der phallischen Bestimmung entzogen ist – entzogen sein sollte –, gibt es in ihrer Pornographiediskussion den Begriff des Fetischs nicht, der sozusagen ins Auge springt. Der Begriff des Fetischs könnte sowohl weibliche Lust an Pornographie erklären als auch die subversive Rolle weiblicher Pornographieproduktion präzisieren. Sie könnte, folgt man Cornells Beschreibung, den fetischisierten, weiblichen Körper nicht als Natur darstellen, sondern als künstliche/kunstvolle Produktion ausstellen, Weiblichkeit als Maskerade in Erscheinung treten lassen. Der Begriff des Fetischs würde auch das das pornographische Szenario bestimmende Oszillieren zwischen Wirklichkeit und Unwirklichkeit ebenso wie das obsessive Bedürfnis nach Wiederholung erklären.

Gegen den analytischen Diskurs jedenfalls steht ein anderer Diskurs, der unbehelligt von Erkenntnissen der Psychoanalyse, die er nie explizit, aber de facto verwirft, dem klassischen Politikbegriff verhaftet bleibt. Er kommt aus einer älteren Schicht des Feminismus und setzt ein bewußt und gerichtet handelndes Subjekt, das selbstbestimmt kontrolliert, was es tut, und für die Folgen unbehelligt vom Drängen des Unbewußten einstehen kann, voraus. Es ist ein engagierter, voluntaristischer, auf die Zukunft bezogener Diskurs, der von utopischen Versprechen redet. Er zeichnet sich durch ein klares Bewußtsein für das Hier und Jetzt und einen ganz und gar amerikanischen Sinn dafür aus, Geschichte machen zu können und zu müssen. Dieser Diskurs ist bei Cornell avantgardistisch eingefärbt und trägt das Pathos der Revolution, in der einer etablierten Ordnung – in diesem Falle der männlichen symbolischen – im Namen der unterdrückten Weiblichkeit und ihrer realen Leiden der Kampf angesagt wird: durch »Entfesselung« und »Befreiung« des weiblichen Imaginären. Dieses Imaginäre ist allerdings ein seltsam schillernder Begriff, der durch das Beharren auf einem noch unerhörten Selbstausdruck viel von seiner Lacanschen Färbung verliert und einen starken Beigeschmack von expressiver Kreativität bekommt. Die Metapher der *tabula rasa* drängt sich auf; die Väter sind gestürzt und Mütter der neuen Frauen weit und breit nicht zu sehen. Es ist die Frage, wie weit dieser auf das weibliche Subjekt übertragene Diskurs nicht an der avantgardistischen Hybris des männlichen, sich in seiner Selbstsetzung und Selbstbestimmung völlig über- und verschätzenden Subjekts partizipiert – und das quasi unter der Hand, denn Cornell weiß um die Gespaltenheit jedes und also auch des weiblichen Subjekts. Im Überschwang des Ringens um Entfesselung läuft Cornell Gefahr, das Kind mit dem Bade auszuschütten. Sich seines Begehrens bemächtigen zu können, ist glücklicherweise bloß eine Utopie, die niemals wahr werden kann. Das Begehren kann nicht vom Subjekt ausgedrückt werden; vielmehr markiert es die Grenze des Subjekts, das es gleichzeitig durchkreuzt. Das ist sein Gesetz.

Drucilla Cornell

Die Versuchung der Pornographie

Die aktuelle Pornographie-Diskussion

Die Frage, ob Pornographie gesetzlich reglementiert werden sollte, hat die Feministinnen in den letzten zehn Jahren in zwei Lager gespalten. In diese Diskussion möchte ich eingreifen und werde dafür zuerst meine eigene Definition von Pornographie darlegen. In diesem Zusammenhang werde ich ein Reformprogramm der Pornoindustrie vorstellen, dessen Kernpunkt die Selbstorganisation der Beschäftigten ist. Im Rahmen dieses Programms trete ich für die Schaffung eines Gesetzes zur Wahrung der bürgerlichen Rechte von Pornodarstellerinnen sowie für die Ausarbeitung eines Flächennutzungsplans ein, der bestimmte Zonen ausweist, in denen Pornographie gezeigt werden darf.

Meine eigene Position möchte ich als »ethischen Feminismus«[1] bezeichnen, dessen Anliegen vor allem die »Befreiung des weiblichen Imaginären« ist. Diese Position verbindet mich mit jenen Feministinnen, die für die Erweiterung des Horizonts weiblicher Sexualität eintreten. Meines Erachtens sollte sich der Feminismus generell – anstatt sich darauf zu kaprizieren, einer phantasierten männlichen Kultur Beschränkungen aufzuerlegen – die Befreiung des Imaginären zum Ziel setzen.

Meine eigene feministische Position in Sachen Pornographie ist im Rahmen einer breiteren Debatte anzusiedeln, wie Sexualität zu bewerten sei und bewertet wird. Die Kluft zwischen jenen Feministinnen, die auf einer Neudefinition von Sexualität bestanden haben, und denen, die sich statt dessen bemühen, Frauen vor der imaginierten Brutalität männlicher Sexualität zu bewahren, hat sich schon oft in der anglo-amerikanischen Geschichte aufgetan. Soziale Bewegungen für die Schließung von Bordellen[2] und Bars[3] auf der einen Seite und Victoria Woodhalls Plädoyer für eine feministische Revolution der Frauen auf der anderen Seite sind für diese Spaltung typisch.[4] Emma Goldmann machte keinen Hehl daraus, daß sie sich an keiner Revolution beteiligen wollte, die sie am Ausleben ihrer Sexualität hindern und es ihr verbieten würde, anders »zu tanzen«[5]. Unsere Generation ist also im Hinblick auf eine solche Spaltung keineswegs eine Ausnahme.

Obwohl auch die vorausgegangenen Bewegungen sich immer in der einen oder anderen Weise auf den Staat und institutionelle Autoritäten beriefen, ist die gegenwärtige Spaltung insofern ungewöhnlich, als sie sich ausdrücklich auf das Rechtssystem konzentriert. Allerdings sollte diese Betonung der juristischen Seite heute nicht allzusehr verwundern, denn erst seit kurzem besuchen mehr Frauen denn je juristische Fakultäten und arbeiten als Anwältinnen, Richterinnen und Juraprofessorinnen.[6]

Ich bin nun nicht der Ansicht, daß Gesetze unsere einzige Interventionsmöglichkeit auf dem Gebiet der Pornographie darstellen. Vielmehr sollte es darum gehen, einen anderen entscheidenden Aspekt der Pornographiedebatte herauszustellen, der im ermüdenden Abspulen der »Entweder-für-oder-gegen-Position«, das die aktuelle Debatte bestimmt, verlorengegangen ist. Ich möchte zeigen, daß es innerhalb dieser Auseinandersetzung eine Strömung gibt, die – aus einem spezifisch feministischen Blickwinkel heraus – nicht mit dem Standpunkt Catharine MacKinnons und Andrea Dworkins, den wohl zur Zeit exponiertesten Befürworterinnen einer Gesetzesreform, übereinstimmt.

Ein wichtiger Punkt, der in letzter Zeit in dieser Diskussion zu wenig beachtet wurde, scheint mir, daß wir uns mit den Frauen der Pornoindustrie solidarisieren müssen, die darum bemüht sind, ihre Arbeitsbedingungen zu verbessern. Ihre Forderung nach Safer Sex, ihre Weigerung, bestimmte sexuelle Praktiken auszuführen, sowie das Beharren der Regisseurinnen und Produzentinnen auf eigenen »sexuellen« Phantasien sollte diese Frauen als Verbündete und nicht als Feindinnen erscheinen lassen. Man macht es sich zu leicht, sich diese Frauen als hilflose Opfer vorzustellen, obwohl sie sich selbst – ganz im Gegensatz dazu – ausdrücklich als Teil der Frauenbewegung verstehen.

Tatsächlich sind zwei der Mitbegründerinnen der *National Organisation Against Violence to Women*, weil sie grundsätzliche Differenzen mit einigen Feministinnen und deren Umgang mit Pornographie hatten, aus dieser Organisation ausgetreten. Mittlerweile versuchen sie, die Pornographie von innen zu unterminieren. Ona Zee, Pornostar, Pornoproduzentin und Pornoregisseurin, setzte sich in den Jahren 1990 und 1991 für eine gewerkschaftliche Organisierung der Produktion heterosexueller Mainstream-Pornographie ein.[7] Ihr Engagement brachte ihr den Titel »Norma Rae« der Pornoindustrie ein und führte dazu, daß sie zeitweise in der Branche geschnitten wurde. Trotz der enormen Schwierigkeiten, die Pornoindustrie gewerkschaftlich zu organisieren, bleibt Ona Zee davon überzeugt, daß Zusammenschluß und Selbstbestimmung den Mittelpunkt eines politischen Programms zur Veränderung der Arbeitsbedingungen der Beschäftigten bilden müssen. Dies ist auch meine Überzeugung, und die gesetzlichen Maßnahmen, die ich im Auge habe, sollten primär in den Kontext dieser Bemühungen gestellt werden. Ich bin mir durchaus der Risiken bewußt, die der Glaube, daß eine solche Industrie von innen unterminiert werden könne, in sich birgt; Bestrebungen, sie zu reformieren, könnten ein Arrangement zur Folge haben, gegen das man sich grundsätzlich zur Wehr setzen muß.[8] Um gegen die gegenwärtige Degradierung der weiblichen Beschäftigten zu protestieren, müssen wir jedoch ein Bündnis mit all den Frauen schließen, die sich innerhalb der Pornoindustrie organisieren.

Lange Zeit galt die Prostituierte als Inbegriff des Opfers und somit als Stellvertreterin für die Degradierung aller Frauen. Ihr gesamtes Dasein wurde auf diese Vorstellung reduziert. Auf ähnliche Weise versucht man nun, Pornodarstellerinnen die Rolle des Opfers zuzuschieben; für sie engagiert man sich heute, ähnlich wie sich früher wohlhabende Frauen um Prostituierte kümmerten. Wenn wir dem Traum von Einheit und Solidarität nachhängen, müssen wir uns vor der gedankenlosen Übernahme von Klassen-, Rassen- und nationalen Urteilen hüten, die sich in unbewußten Vorstellungen von uns selbst als sexuellen Wesen niederschlagen können, die uns aber auch im Kampf gegen die Diskriminierung fehlleiten können. Wir müssen den unterschiedlichen Stimmen der Frauen Gehör schenken, die in der Pornoindustrie beschäftigt sind. Wir müssen einer Stereotypisierung dieser Frauen entgegentreten. Frauen auf Stereotypen zu reduzieren heißt, sie zu Objekten zu machen. Gewerkschaftliche Organisierung und Selbstbestimmung wären ein Schritt in Richtung auf Repräsentation ihrer Subjektivität. Ein gesetzliches Reformprogramm müßte in diesem Zusammenhang erarbeitet werden, das diesem Bemühen Rechnung trägt.

Und damit sind wir wiederum bei der exponierten Rolle des Rechts in der gegenwärtigen Debatte, die zwischen denjenigen geführt wird, deren Augenmerk auf der Befreiung des weiblichen Imaginären liegt, und denjenigen, die den so häufig in der Geschichte des anglo-amerikanischen Feminismus unternommenen Versuch wiederholen, der männlichen Lust Beschränkungen aufzuerlegen.[9] Im Mittelpunkt meiner Argumentation steht daher eine Auseinandersetzung mit Catharine MacKinnon, die mit ihrem Buch *Nur Worte*[10] in letzter Zeit für viel Aufsehen gesorgt hat.

Einer der Hauptpunkte, in denen ich mit MacKinnon übereinstimme, ist die Forderung nach Streichung der Pornographie aus dem *obscenity law* (in Deutschland vergleichbar mit Gesetzen zum Jugendschutz, Anm. d. Ü.). MacKinnon hat überzeugend dargelegt, daß es vollkommen unzulänglich ist, Pornographie rechtlich als nur »anstößig« zu behandeln. Um das Unrecht in der Pornographie aufdecken zu können, ersetzt sie das strafrechtliche Anklageprinzip durch das zivilrechtliche Schadensersatzprinzip. Meine eigene Argumentation zugunsten einer gleichberechtigten Gewährleistung der Mindestbedingungen für die freie Entfaltung der Persönlichkeit konzentriert sich ebenfalls auf den Schaden, der Frauen zugefügt wird. Ich würde es allerdings lieber in der Begrifflichkeit eines Unrechts gegenüber Frauen und Verletzung ihres Rechts auf gleiche Mindestbedingungen für die freie Entfaltung der Persönlichkeit ausdrücken. Diese sprachliche Differenzierung bewegt sich im Rahmen der Annahme, daß Pornographie nicht danach beurteilt werden sollte, ob sie gesellschaftliche Normen verletzt, sondern danach, was sie Frauen antut.[11] Die Bewertung von Pornographie nach Maßgabe des Schadensprinzips trägt entscheidend dazu bei, juristische Interventionsmöglichkeiten auf diesem Gebiet zu erarbeiten. Überdies sucht die Idee eines gleichberechtigten Schutzes der Mindestbedingungen für die freie Entfaltung der Persönlichkeit eine Vorstellung dessen zu integrieren, was ein solches Gesetz bewirken kann oder nicht, um zu einer Gleichheitstheorie zu gelangen, die die Freiheit effektiv zu synchronisieren vermag.[12]

Trotzdem müssen wir uns davor hüten, im Rahmen feministischer politischer Programme ausschließlich auf das Recht zu vertrauen. Und zwar aus zwei Gründen. Aus Angst davor, daß man sich hinter der Verletzung des Persönlichkeitsrechts versteckt, habe ich mich für einen gleichberechtigten Schutz der Mindestbedingungen für die freie Entfaltung der Persönlichkeit eingesetzt. Und zwar im Sinne eines Rechts, das es zwar ermöglicht, den Schaden, der Frauen durch die

Pornographie zugefügt wird, auszugleichen, gleichzeitig aber Frauen auf Grundlage einer ihnen gemeinsamen Opferidentität als Gruppe zu kennzeichnen. Dies gilt insbesondere für den Pornographiesektor, auf dem Frauen als Opfer einer Praxis, die sie als Sexualobjekte degradieren, angesehen und damit als allgemein unfähig erklärt werden, ihren eigenen politischen Willen zu mobilisieren.[13]

Wollen wir etwa, daß die Herabsetzung von Frauen auf kulturell kodierte Weiblichkeit, ihre Reduzierung zum Opfer, zum *fuckee*, per Gesetz noch Bestätigung erhält? Oder geht es nicht vielmehr darum, daß das Recht die Mindestbedingungen für die freie Entfaltung der Persönlichkeit rechtlich anerkennt und somit die althergebrachten Definitionen von Weiblichkeit nicht noch einmal neu kodiert? In ihrer Kampfansage gegen die Arbeitsbedingungen in ihrer Branche verstehen sich Pornodarstellerinnen jedenfalls nicht als bloße *fuckees*.[14]

Zum zweiten ist übermäßiges Vertrauen in das Recht schon deswegen nicht angebracht, weil wir als Feministinnen dazu aufgerufen sind, uns beim Versuch, ein Leben jenseits der gegenwärtigen Sexualitätsvorstellungen und Geschlechterstrukturen zu wagen und neu zu definieren, mit den uns auferlegten rechtlichen Bedingungen neu auseinanderzusetzen. Das Recht verkörpert eine wichtige Form des symbolischen Diskurses, der zwangsläufig von den Konventionen der jeweiligen Zeit geprägt wird und sie festlegt. Das Recht übernimmt bestimmte Funktionen, die die soziale Anpassung hervorbringen. Darüber hinaus lassen sich anhand des geltenden Rechts aber auch bestimmte Konzepte wie etwa das Gleichheitsprinzip kritisch beleuchten. Der Feminismus erhebt nun den Anspruch, das Stadium der Anpassung und die tief in den Geschlechterstrukturen verankerten symbolischen Formen aufzusprengen. Ein solcher Anspruch kann sich nicht auf irgendeine gegenwärtige Diskursform als definitiver Grundlage für ein feministisches politisches Programm berufen. Insbesondere auf dem komplexen Gebiet der Sexualität sind wir als Feministinnen aufgefordert, die Fesseln gerade der Bedeutungszuweisungen zu sprengen, die uns zu den Frauen gemacht haben, die wir sind.

Unser Kampf gegen den Anpassungszwang macht es notwendig, die feminine imaginäre Domäne beständig zu erweitern. Das Recht kann dabei unterstützend wirken, aggressive Übergriffe in die imaginäre Domäne zu vereiteln. Es kann unser Recht auf gleichberechtigten Schutz der Mindestbedingungen für die freie Entfaltung der Persönlichkeit gewährleisten. Allerdings kann es – und soll auch im Hinblick auf die Befreiung des femininen Imaginären – das, was unser zukünftiges Leben sein könnte, nicht inhaltlich bestimmen. Das Recht sollte nicht als politischer Endzweck mißverstanden werden, sondern sollte innerhalb des Feminismus als notwendiges Stadium politischer Debatten begriffen werden. Der Feminismus sollte sich nicht wieder innerhalb eines Diskurses verfangen, der seinen radikalen Implikationen hinsichtlich Sexualität und Geschlechtsidentitäten nicht gerecht werden kann.

Wenn der Feminismus in der imaginären Domäne wirksam wird, die durch die zwangsläufige Leerstelle zwischen kulturell auferlegten Weiblichkeitsdefinitionen und unserem tatsächlichen Leben immer offen gehalten wird, bedeutet das nicht, daß damit dem tatsächlichen Leid der Frauen ein Ende bereitet wird. Vielmehr bedeutet es, daß wir uns den revolutionären und radikalen Zielen eines Feminismus stellen, der eine vollständige Neukonzeption unserer Welt einklagt. Weiblichkeit bedeutet Verletztheit. Trotzdem ist dies nicht alles, was mein Leben als Frau ausmacht. Und es macht erst recht nicht das Leben jener Frauen aus, die sich für den Feminismus engagieren und sich mit seinen Zielen identifizieren. Solidarisches Verhalten erfordert es, daß wir uns klarmachen, wie unsere Sicht auf Pornodarstellerinnen unsere eigenen unbewußten Phantasien und unsere Angst vor Sexualität zu prägen vermag, um anschließend genau diese Phantasien auf »sie« zu projizieren.

Die Betonung der imaginären Domäne, die meiner Meinung nach für die Ziele des Feminismus wesentlich ist, erfordert einen anderen analytischen Ansatz, der nicht nur das Recht, sondern auch Sexualität und Repräsentation einschließt. Der Ruf nach neuen feministischen Perspektiven auf die Pornographie und nach einer Analyse dessen, was Gesetze bei der Intervention in die Welt der Pornographie zu leisten imstande sind und was nicht, ist nur in diesem Kontext zu sehen. Der Feminismus muß sich auf die Befreiung des weiblichen Imaginären konzentrieren und nicht auf die Zügelung männlicher Lust. Welchen Anteil hat die Pornographie an der Perpetuierung von Geschlechterzuschreibungen? Welche Ausmaße nimmt die Gewalt in der Realität von Frauen an und wie schrecklich ist die Gewalt in einer Welt, in der jedes Individuum starren Zuschreibungen, als Mann oder Frau, als weiblich oder männlich, unterliegt?

Auf den nun folgenden Seiten werde ich zunächst meine eigene Definition von Pornographie vorlegen. Pornographie hat zahlreiche Definitionen durchlaufen, und ich bin mir durchaus darüber im klaren, daß »Pornographie« eine These ist und keine Sache.[15] Meine Definition von Pornographie wird sich also zwangsläufig auf meine eigene Argumentation und mein eigenes politisches Programm auswirken. Zweitens möchte ich die aktuelle Debatte darüber, ob Pornographie Rede ist oder nicht, neu beleuchten. Meiner Meinung nach teilt Pornographie weniger eine Ansicht mit, als daß sie vielmehr eine anschauliche Demonstration einer unbewußten Szene starrer Geschlechterzuschreibungen bezeichnet, die in expliziten Geschlechtsakten ausgespielt werden. Die Behauptung, daß Pornographie keine Rede sei, ist politisch nicht überzeugend. Man sollte jedoch darüber hinaus die komplexen Triebstrukturen untersuchen, die Aufschluß über die Versuchung der Pornographie geben können – darüber, wie und was sie kommuniziert. Ich glaube nicht, daß die zur Zeit von Catharine MacKinnon am nachdrücklichsten vertretene These,[16] Sexualität lasse sich einfach auf einen Auslöser reduzieren und mechanistisch verstehen, zu halten ist. Ihr Optimismus, daß qua Gesetz eine Form der Rekonditionierung und Umerziehung funktionieren könne und solle, impliziert eine Art behavioristischer Analyse der Triebstrukturen. Aber wenn Pornographie nicht gänzlich aus der Arena der Sprache gestrichen werden sollte, würde das dann heißen, daß sie nur Repräsentation, nur Phantasie ist, daß sie keinen »wahren Inhalt« hat? Der wahre Inhalt von Pornographie wird deutlich, wenn wir uns über unsere zutiefst unbewußten Phantasien über unsere Geschlechtsrollen klar zu werden versuchen.

Wenn wir davon ausgehen, daß Pornographie Rede ist, glaube ich, daß das bestmögliche Zugeständnis an MacKinnons Behauptung, Pornographie sei an und für sich eine zweidimensionale Form von Sex – und demzufolge sei Pornographie keine Rede, sondern eine Handlung – darin bestünde, daß im Rahmen des Rechts Pornographie ein nötigender Sprechakt ist. Ich möchte MacKinnon so interpretieren, daß sie selbst sogar zwischen zwei verschiedenen Arten nötigender Sprechakte unterscheidet – eine Unterscheidung, die sie selbst nie explizit vornimmt.

Einige der Klauseln in MacKinnons Gesetzentwurf basieren allerdings weder auf ihrer Behauptung, daß Pornographie ein zweidimensionaler sexueller Akt sei, noch darauf, daß Pornographie per se eine Diskriminierung im Sinne eines nötigenden Sprechakts darstellt. Entscheidend in diesem Zusammenhang ist, daß während der Produktion von Pornographie gelegentlich Zwang und Gewalt gegen Frauen angewandt wird. MacKinnon zufolge verursacht Pornographie nun aber auch direkte Gewalttaten gegen solche Frauen, die nicht in der Pornoindustrie tätig sind, indem sie Männer zu Vergewaltigern macht. Meiner Meinung nach ist dieses kausale Modell, das Vergewaltigung als eine Folge der Pornographie hinstellt, nicht aufrechtzuerhalten. Ich lehne diese Behauptung nicht nur deswegen ab, weil sozialwissenschaftliche Studien bisher noch keinen überzeugenden Zusammenhang zwischen Pornographie und Vergewaltigung hergestellt haben.[17] Vielmehr zweifele ich den Sinn des Ursache-Wirkungs-Modells überhaupt an. Dieses Modell wird äußerst problematisch, sobald wir den ganzen Bereich der Sexualität miteinbeziehen. Erst wenn Frauen in Pornofilmen tatsächlich Verletzungen erleiden, können diese Frauen Verstöße im Rahmen eines solchen Gesetzes geltend machen. Erst wenn eine Frau, die auf der Straße belästigt wurde, in der Lage ist, dieses Ereignis in einen plausiblen Zusammenhang mit der Pornographie zu stellen, kann sie klagen. Immer wieder weist MacKinnon darauf hin, daß ein solches Gesetz nicht mit Zensur gleichzusetzen sei. Nur in Fällen von tatsächlichen Mißhandlungen könnten Frauen innerhalb und außerhalb der Pornoindustrie klagen.

MacKinnons Analyse der Wirkungsweise von Pornographie auf das männliche »Geschlecht« blendet die Rolle, die der Lust in diesem Zusammenhang zukommt, vollkommen aus. Dabei sitzt MacKinnon einem grundsätzlichen Mißverständnis auf: Sie wirft all denjenigen, die eine Auseinandersetzung mit der Komplexität von Lust als Grundlage einer Erklärung für die Anziehungskraft von Pornographie einfordern, vor, daß sie die grausamen Mißhandlungen von Frauen in der Pornoindustrie ignorieren und ihre Augen davor verschließen, daß eine bestimmte Art von Pornographie unsere Versuche lähmt, uns von den Fesseln starrer Geschlechterzuschreibungen zu befreien. Indem ich sie als nichts anderes als einen nötigenden Sprechakt per se verstehe, bestreite ich keineswegs jegliche Verletzung von Frauen – insbesondere nicht der in der Pornoindustrie Beschäftigten, aber auch nicht derer, die gegen starre Geschlechterzuschreibungen ankämpfen. Ich unterstütze unbedingt die Formulierung einer Zivilrechtsklage, die Frauen, denen innerhalb der Pornoindustrie Schaden zugefügt wurde, das Recht einräumt, ihren Status als Rechtssubjekte nachdrücklich geltend zu machen und ihren Fall im Kontext dessen, was ich als das Recht auf gleichberechtigten Schutz der Mindestbedingungen für die freie Entfaltung der Persönlichkeit bezeichnet habe, vor Gericht vorzubringen. So könnten diese Frauen davor bewahrt werden, mit ihrer Rolle in den Filmen, mit denen sie ihr Geld verdienen, in der Realität gleichgesetzt zu werden. Daraus würde aber auch folgen, daß Linda Lovelace und andere Frauen, so sie beweisen können, daß sie tatsächlich bei der Produktion eines Pornofilms vergewaltigt worden sind, das Recht erhalten, dessen Verbreitung per gerichtlicher Verfügung verbieten zu lassen.[18] Eine Frau, die vergewaltigt worden ist, muß die Möglichkeit erhalten, sich selbst jenseits des Traumas der Vergewaltigung neu zu entwerfen. Ein entsprechendes Gesetz sollte jedoch als Unterstützung im Kampf um die gewerkschaftliche Organisierung und Selbstbestimmung verstanden werden und nicht als das eigentliche und ausschließliche Ziel.

Dies stellt jedoch ein gewisses Maß an gesetzlicher

Regulierung keineswegs in Frage. Außer acht zu lassen, daß die Pornographie eine Acht-bis-dreizehn-Milliarden-Dollar-Industrie ist und daß im Rahmen der heterosexuellen Mainstream-Pornographie Frauen täglich zu Profitzwecken benutzt und mißbraucht werden, würde bedeuten, die Pornographie zu sentimentalisieren.[19] Der Zynismus einer sich auf das Erste Amendment berufenden Organisation, die von der Pornoindustrie gesponsert und gefördert wird, ist allzu offensichtlich. In ihren ehrlicheren Momenten sind Leute, die sich auf das Erste Amendment berufen, denn auch gewillt, offen zuzugeben, daß es ihnen bei ihrem Engagement nicht um freiheitliche Werte, sondern um blanken Profit gehe.[20] Dennoch ist das Erste Amendment sowie das Recht auf freie Meinungsäußerung – unabhängig von der Meinung der Pornographen – mit der gesamten Debatte verquickt. Meine Forderung des Schutzes der imaginären Domäne – im Sinne einer Mindestbedingung für die freie Entfaltung der Persönlichkeit – läßt sich dabei durchaus mit dem Ersten Amendment vereinbaren. Sie kann überdies dazu beitragen, daß wir über den Zusammenhang zwischen dem Recht auf freie Meinungsäußerung und der für die Realisierung dieses Rechts notwendigen Mindestvoraussetzungen effektiver nachdenken, und zwar so, daß dabei weder die freie Debatte noch der Stellenwert dessen, was ich als »Natalität« bezeichne, auf grundlegende Weise beeinträchtigt wird.[21]

Schließlich werde ich für die Erstellung eines Flächennutzungsplans für Pornographie-Zonen plädieren. Diese sollen verhindern, daß Personen – und zwar nicht aus Gründen des öffentlichen Anstandes – unfreiwillig der Pornographie ausgesetzt werden. Die Einrichtung von Pornographie-Zonen erhält dadurch ihre Legitimation, daß durch sie das Imaginäre einer Frau geschützt wird. Keine Frau sollte gezwungen werden, ihren eigenen Körper als Phantasie eines zerstückelten, kastrierten Anderen zu sehen. Außerdem sollte es ihr erspart bleiben, ihr »Geschlecht« so sehen zu müssen, wie es stereotypisch in Hardcore-Pornos in der expliziten Darstellung von Geschlechtsakten vermittelt wird. In Hardcore-Pornos ist die Frau nur als »Geschlecht« präsent. Eine Frau dazu zu nötigen, sich selbst als »Geschlecht«, wie es durch den Anderen phantasiert wird, und als vollständig darauf reduzierbar zu erfahren, hieße, ihr die Sphäre ihres eigenen Imaginären abzusprechen. Diese Vorherrschaft eines einzigen Imaginären in der Öffentlichkeit läßt dieses als Wahrheit der Sexualität erscheinen, da sein ubiquitäres Wesen keinen anderen Formen des Imaginären Platz einräumt.

»Pornographie«, so MacKinnon, »springt nicht von den Regalen und greift Frauen an. Frauen könnten theoretisch gefahrlos an Warenhäusern, die mit Pornographie vollgestopft sind, die ruhig in ihren Verpakkungen sitzt, vorbeilaufen.«[22] Frauen wird jedoch Schaden zugefügt durch die Herstellung von Pornographie und durch die Folgen ihres Konsums. Um diese These aufrechterhalten zu können, ist MacKinnon auf eine äußerst umstrittene Einschätzung des kausalen Zusammenhangs von männlicher Gewalt und Pornographie angewiesen. Im Gegensatz zu MacKinnon befürworte ich die Einrichtung von Zonen nicht auf der Grundlage dessen, was die Pornographie bei ihren männlichen Konsumenten auslöst, sondern aufgrund des Unrechts, das sie Frauen durch aufgezwungenen Konsum zufügt. Der Feminismus sollte sich nicht ausschließlich darauf konzentrieren, was Frauen von Männern angetan worden ist. Vielmehr sollte er beständig nach Wegen suchen, in denen Frauen ihre eigenen Phantasien von den Zwängen, die ihnen durch starre Weiblichkeitsvorstellungen auferlegt werden, befreien können. Zonen sollten eingerichtet werden, damit Pornographie unseren Blicken entzogen wird.

Wenn wir die Ausweitung des Imaginären tatsächlich für sinnvoll erachten, so gilt es, der psychischen Sphäre genügend Raum zu gewähren. Die symbolische Kodierung des heterosexuellen männlichen Imaginären als das eine Imaginäre hat das Thema Pornographie zu einer öffentlichen Streitfrage werden lassen. MacKinnons Behauptung, der Staat mache sich mitschuldig, wenn er es unhinterfragt geschehen läßt, daß das eine, dominante Imaginäre immer weiter um sich greift und nichts anderes zuläßt, muß geprüft werden. Es gibt zahlreiche andere Formen des Imaginären, und es stünde liberalen Tendenzen gut zu Gesicht, deren Entfaltung zu ermöglichen. Eben jene Gleichsetzung des sexuellen und des politischen Imaginären könnte mittels Einrichtung von Pornographie-Zonen offiziell in Frage gestellt werden. MacKinnon zufolge ist es diese Gleichsetzung, die andere Formen des Imaginären, eben auch die weibliche, an ihrer Entfaltung hindert. Ich wende mich entschieden gegen ihre Identifizierung des Weiblichen im Kontext der geschlechtlichen Differenz mit der Weiblichkeit des »Geschlechts« der Frau, wie es in der Pornographie dargestellt wird. Auch glaube ich keineswegs, daß das weibliche Imaginäre bereits verloren ist.

Die Auffassung, daß eine erzwungene Betrachtung von Pornographie einen Eingriff in meine psychische und körperliche Integrität darstellt, bringt uns zu meiner Forderung zurück, daß Gesetze die imaginären Domänen schützen müssen. Körperliche Integrität an sich birgt eine imaginäre Dimension in sich. Und der Schutz der körperlichen Integrität beinhaltet notwendigerweise den Schutz dieser Dimension. Wenn ein Eingriff in mein Imaginäres dadurch erfolgt, daß ich unfreiwillig der Pornographie ausgesetzt werde, so ist dies ein Angriff auf meine Psyche. Dieser Angriff verletzt die imaginäre Dimension meiner Vorstellung von mir als Person, deren körperliche Integrität durch die Gesellschaft geschützt wird. Meine Rechtfertigung einer Einrichtung von Zonen konzentriert sich auf die Analyse des Stellenwerts, den der Schutz einer imaginären Domäne für den Feminismus hat.

Kommen wir noch einmal auf Catharine MacKinnon zurück: »Soziale Vorherrschaft wird in und zwischen den Menschen durch das Herstellen von Bedeutungen etabliert. Um sie zu zerstören, müssen diese Bedeutungen und ihre Technologien zerstört werden.«[23] Ich glaube ganz und gar nicht, daß das Recht in der Lage ist, Bedeutungen zu zerstören, indem es die Identitätsstrukturen, die mit Weiblichkeit assoziiert werden, noch weiter verfestigt.[24] Nur wir selbst vermögen es, durch Bejahung des Weiblichen auf dem Hintergrund der geschlechtlichen Differenz diese Bedeutungen zu zerstören und die Welt neu zu imaginieren. Doch dieser Prozeß der Befreiung des Imaginären – insbesondere des weiblichen Imaginären – ist unabsehbar. Dies müssen wir im Gedächtnis behalten, wenn wir die Meinungen anderer Frauen respektieren wollen.

Pornographie – neu definiert

Ich definiere Pornographie als die »deutliche Präsentation und Darstellung von Geschlechtsorganen *und* Geschlechtsakten mit dem Ziel, sexuelle Reaktionen hervorzurufen. Entweder geschieht dies mittels Darstellung von Gewalt gegen und Nötigung von Frauen, die die Basis heterosexueller Lust ausmachen, oder mittels der bildlichen Zerstückelung des weiblichen Körpers. Dabei wird die Frau während des Geschlechtsaktes ausschließlich auf ihre Geschlechtsorgane reduziert und somit ihrer Subjektivität beraubt.« Ich bin mir durchaus darüber im klaren, daß diese Definition – wie überhaupt jede Definition von Pornographie – nicht neutral ist.[25] Um etwas als Pornographie bezeichnen zu können, müssen wir uns so klar wie nur möglich darüber werden, was den Inhalt von Pornographie ausmacht. Der erste Teil meiner nun folgenden Definition handelt von der sogenannten »aggressiven Pornographie«. Der zweite Teil verweist auf die Art und Weise, in der der Geschlechtsakt in pornographischen Darstellungen – zumeist im heterosexuellen Mainstream-Porno – auf einer Sichtweise von Sexualität beruht, die den Subjektstatus der Frau vollkommen ausblendet.

»Deutliche Präsentation und Darstellung« sollte dahingehend verstanden werden, daß die »indirekte« Äußerung und Darstellung schriftlicher Pornographie davon ausgenommen sind. Demzufolge würde ich, anders als MacKinnon, die schriftliche Pornographie nicht in einen Gesetzentwurf integrieren. Außerdem beschränkt sich meine Definition ausschließlich auf die heterosexuelle Mainstream-Pornographie. Ich schließe bewußt die schwule und lesbische Pornographie aus. Schwule und Transsexuelle sollten jedoch, obwohl der von MacKinnon und Dworkin befürwortete Gesetzentwurf ausschließlich im Blick auf die Erniedrigung und Herabwürdigung von Frauen verfaßt ist, meiner Meinung nach auch die Möglichkeit erhalten, gerichtlich zu klagen, wenn sie in Pornofilmen als *fuckees* in der Position von Frauen dargestellt werden.[26]

Allerdings haben sich Lesben, Schwule und Transsexuelle dagegen verwahrt, daß ihre Sexualität – und die Art, wie sie sich in ihren eigenen Pornofilmen und Erotika äußert – auf die heterosexuellen Definitionen und Vorstellungen von Homosexualität reduziert wird. Um ihre Rechte wahrnehmen zu können, falls ihnen bei Pornodreharbeiten Verletzungen zugefügt werden, sollten Gesetze im Rahmen eines Programms lesbischer, schwuler und transsexueller Rechte artikuliert werden und nicht innerhalb einer Verordnung, die diese Formen der Sexualität beschneidet. Wir müssen in diesem Kontext auch bedenken, wie Heterosexualität unseren Blick auf die Homosexualität einseitig prägt, und uns der daraus entstandenen Vorurteile bewußt werden. Wir wollen keine spezifische Vorstellung von lesbischer, schwuler und transsexueller Sexualität verfestigen, indem wir ein Gesetz befürworten, das die Verletzungen, die diesen Gruppen durch die Pornographie zugefügt werden, so einordnet, als seien sie stets auf die Position der *fuckees* reduzierbar. Das darf jedoch, wie gesagt, nicht bedeuten, daß ein schwuler Mann nicht in der Lage sein sollte, eine zivilrechtliche Klage mit dem Argument zu führen, er habe in einem Pornofilm die Position einer Frau einnehmen müssen. Dies stünde ihm frei; wobei er in diesem Fall jedoch unter Bezugnahme auf die in der heterosexuellen Verordnung eigens für ihn vorgesehene Klausel klagen müßte. Dies sollte jedoch nicht seine einzige Alternative sein, die ihm aufgrund bestehender, vorgefaßter Ansichten über seine Sexualität aufgezwungen wird. Genausowenig sollten lesbische, schwule und transsexuelle Pornodarsteller und -darstellerinnen so behandelt werden, als seien sie im Sinne dieser Verordnung auf die Position von *fuckees* reduzierbar, es sei denn, sie seien damit einverstanden. Andere Möglichkeiten der Festlegung der eigenen Rechte könnten innerhalb eines Verständnisses des einzigartigen Status lesbischer, schwuler und transsexueller Sexualität entwickelt werden.

In meiner Definition von Pornographie gehe ich durchaus davon aus, daß aus MacKinnons Argumentation etwas Legitimes herauszuschälen ist – deshalb mein Bezug auf die Milliarden Dollar einspielende heterosexuelle Pornoindustrie. MacKinnon behauptet, daß Pornographie nicht für das, was sie sagt, sondern für das, was sie tut, zu verurteilen sei. Was tut sie nun aber? Indem Frauen als *fuckees* benutzt werden, wird ihnen während der Herstellung von Pornographie Gewalt angetan. Außerdem initiiert die Pornographie MacKinnon zufolge Gewalt gegen Frauen, indem sie Männer zur Vergewaltigung veranlaßt. Beides bezieht sich ausschließlich auf die heterosexuelle Mainstream-Pornographie, die im Zentrum von MacKinnons Argumentation steht, wenn sie unablässig erläutert, was die Pornographie mit dem Penis anstellt. Wenn der Penis auf Bilder von degradierten Frauen reagiert und die Gefahr besteht, daß Männer auf diesen Anreiz hin handeln, dann werden diese Männer eindeutig als heterosexuell porträtiert. So schreibt MacKinnon:

»Die Botschaft dieser Materialien – und da gibt es eine, wie es eine für alle bewußte Aktivität gibt – ist: ›nimm sie‹, dabei auf alle Frauen zeigend, zum zehn Milliarden Dollar pro Jahr zählenden Vorteil des Täters, mit Tendenz: weiter steigend. Diese Botschaft ist direkt an den Penis adressiert, wird durch eine Erektion geliefert und an Frauen in der ganzen Welt ausagiert.«[27]

Wenn, so MacKinnon, der Sado-Masochismus auf den Körpern von realen Frauen in Pornos ausagiert wird und Männer dazu treibt, das Gesehene in die Tat umzusetzen und damit die Grundlage der Gewalt gegen Frauen bildet, so wird es kompliziert, wenn MacKinnon die Szene der heterosexuellen Mainstream-Pornographie verläßt. Lesbische Pornographie und Erotika[28] sind die reine Nachahmung heterosexueller Pornographie – und noch dazu eine schlechte. Pornographie muß dieser Argumentation zufolge von Grund auf heterosexuell sein, weil die Fähigkeit von Pornographie, sexuell zu stimulieren, geradezu die Unterwerfung von Frauen erfordere. MacKinnon führt aus: »Auf der Grundlage ihrer Realität haben Andrea Dworkin und ich ein Gesetz entworfen, das Pornographie als anschauliche, deutlich sexuelle Materialien, die Frauen durch Bilder oder Worte unterdrücken, definiert.«[29] Dabei wird völlig ignoriert, was Lesben hinsichtlich ihres eigenen Verhältnisses zur Pornographie äußern.

Im Rahmen einer Neudefinition von Pornographie möchte ich noch auf einen weiteren Punkt eingehen, der bei der bisher gehandelten Definition von Pornographie gefährlich weit führt. In der ursprünglichen Fassung des Gesetzes zur Pornographie wird folgender Wortlaut benutzt: »die anschaulich dargestellte, sexuell explizite Unterwerfung von Frauen«. Es folgen Versuche aufzulisten, was dieser Wortlaut beinhalten könnte:

1 Frauen werden als Sexualobjekte, Dinge beziehungsweise Waren dargestellt; oder
2 Frauen werden als Sexualobjekte dargestellt, die Schmerz oder Erniedrigung genießen; oder
3 Frauen werden als Sexualobjekte dargestellt, die sexuelle Lust dabei empfinden, vergewaltigt zu werden; oder
4 Frauen werden als Sexualobjekte dargestellt, die gefesselt oder zerstückelt oder verstümmelt oder mißbraucht oder körperlich verletzt werden; oder
5 Frauen werden in Posen sexueller Unterwerfung oder Zurschaustellung dargestellt; oder
6 weibliche Körperteile – ein- aber nicht ausschließlich Vagina, Brüste, Po – werden auf eine Weise dargestellt, daß Frauen auf diese Körperteile reduziert sind; oder
7 Frauen werden als geborene Huren bezeichnet; oder

8 Frauen werden gezeigt, wie sie von Objekten beziehungsweise Tieren penetriert werden; oder
9 Frauen werden in Szenarios der Degradierung, Verletzung, Folter als schmutzig oder minderwertig, blutend, mit blauen Flecken übersät in einem Kontext dargestellt, der diesen Zustand als sexuell stimulierend erscheinen läßt.[30]

Im Jahre 1992 war ich gebeten worden, gemeinsam mit einem Regisseur an einem Stück mit dem Titel *Strip Tease* zu arbeiten. Eine feministische Dramatikerin hatte das Stück[31] mit der Absicht verfaßt, sich kritisch mit dem Striptease, wie er in New York City praktiziert wird, auseinanderzusetzen. Mit dem Stück sollte gezeigt werden, inwiefern die Wirkung des Striptease auf einer komplexen Struktur männlicher Phantasie beruht. Der Regisseur erhoffte sich von mir eine Antwort, wie anschaulich die Striptease-Szenen sein sollten oder dürften. Wie viele Nacktszenen gestattet sind, war einer der Punkte, die wir diskutiert haben. Wir entschieden uns, nur ein oder zwei Nacktszenen zu zeigen, in denen lediglich Brüste zu sehen waren. Im Stück selbst sollte zu sehen sein, daß auch im Striptease Frauen als sexuelle Ware und als Sexualobjekte gezeigt werden, die Lust am Schmerz und an der Erniedrigung haben. Die anschauliche Darstellung, die direkte dramatische Umsetzung also, erforderte jedoch, daß sämtliche Finessen des Striptease herausgestellt wurden. Es wurde deutlich, daß die fünf dargestellten Frauen – mehr noch in der Charakterisierung ihrer selbst denn als Striptease-Tänzerinnen – Objekte männlicher Phantasie blieben.

Die Aufführung dieses Stücks macht uns die Problematik des neuen Gesetzentwurfs deutlich. Die Formulierung »anschaulich dargestellte, sexuell explizite Unterwerfung von Frauen« ist zu unbestimmt, um sicherzustellen, daß nicht auch dieses Stück unter das hier diskutierte Gesetz fallen würde – insbesondere da »reales Stripping« zum Stück gehörte. MacKinnon und Dworkin wissen sehr wohl um die Weitläufigkeit der Definition, und sie versuchen auch zu verhindern, daß ein Stück wie *Strip Tease* dem Gesetz zum Opfer fällt:

»In den Augen dieses Gesetzes ist Pornographie das, was Pornographie tut. Ihr Tun besteht darin, Frauen zu unterwerfen – gewöhnlich mittels deutlicher Bilder und Worte. Von allen Bildern und Worten gehen nur sexuell deutliche Bilder und Worte in die sexuelle Erfahrung ein, werden auf der tieferen Ebene, wo Vergewaltigungen subliminal phantasiert, geplant und ausgeführt werden, zum Bestandteil sexueller Realität; wo Gewalt in eine Form von Sexualität umgemünzt wird; wo Frauen bis zu dem Punkt auf untermenschliche Dimensionen geschrumpft werden, an dem es unmöglich wird, sie als vollkommen menschlich wahrzunehmen. Allerdings tun dies nicht alle sexuell deutlichen Bilder und Worte auf dieselbe Art und Weise. Aus diesem Grund beschränkt sich das Gesetz in seiner Definition lediglich auf die sexuell deutlichen Bilder und Worte, von denen tatsächlich bewiesen werden kann, daß sie Frauen erniedrigen. Im übrigen ist die – zuweilen gewaltsame – Unterwerfung von Frauen hinreichend dokumentiert. Dies schließt die Medien-Berichterstattung sowie die feministische Kritik der Gewalt gegen

Frauen ein. Manche davon sind sexuell deutlich, andere nicht. Nicht einmal sämtliches sexuell deutliche Material, das Frauen darstellt, wie sie erniedrigt werden, ist per se Mittel zur Unterwerfung von Frauen. Manches, wie das Protokoll der Minneapolis Hearings zur Pornographie, wendet sich ausdrücklich gegen die Unterwerfung von Frauen.«[32]

Und es folgt eine Definition des Begriffs Unterwerfung:

»Unterwerfung beschreibt eine Handlung beziehungsweise Praxis, die jemanden in eine ungleiche Position oder in eine Position der Machtlosigkeit versetzt. Unterworfensein ist das Gegenteil von Ebenbürtigsein. Häftling-Gefängniswärter, Lehrer-Schüler, Vorgesetzter-Arbeiter sind typische Untergebenenverhältnisse.«[33]

Doch wessen Standpunkt ist überhaupt dafür maßgeblich, ob Charaktere, die in einem Stück wie *Strip Tease* vorkommen, als ungleich dargestellt werden? Das Problem entsteht ja erst, weil die Wörter »darstellen« und »Unterwerfung« miteinander in Zusammenhang gebracht werden. Je nachdem, wie man »explizite Unterwerfung mittels sexuell anschaulichem Material« interpretiert, könnte *Strip Tease* unter das Gesetz fallen, wenn nämlich »Darstellung« in dem Sinne aufgefaßt würde, daß jede Darstellung des Objektstatus der Charaktere als identisch mit einer *unterwerfenden* Darstellung verstanden werden müßte. Es gibt die unterschiedlichsten Theatertechniken, wie wir von Bertolt

Brecht wissen[34], mittels derer eine Distanz geschaffen werden kann. Aber selbst die besten Techniken vermögen es nicht, die Sichtweise des Publikums zu »kontrollieren«.

Man hatte mich gebeten, im Anschluß an die Premiere einen Vortrag zu halten und das Publikum zu befragen, wie es das Stück verstanden habe und wie es nun über den Striptease denke. Ein Herr aus dem Publikum erzählte, daß er das Poster gesehen und ihn der Anblick attraktiver, gutgebauter Frauen, die Striptease tanzten, »scharf gemacht« hätte. Er war in das Stück gegangen, weil ihm das »sexy Poster«, das er in einem Lokal gesehen hatte, ins Auge gesprungen war. Die Dramatikerin, der Regisseur, die Schauspieler und Schauspielerinnen waren von seiner Reaktion irritiert. Was, wenn dieser Mann nach Verlassen des Theaters eine Frau belästigen würde, weil er *Strip Tease* so interpretierte, daß Frauen nicht nur einen untergeordneten Status innehätten, sondern diesen auch noch zu genießen schienen? Sollte in dem Fall den von ihm belästigten Frauen die Möglichkeit eingeräumt werden, unter Bezugnahme auf ein Gesetz Klage zu führen? Der problematische Wortlaut des Gesetzes – insbesondere hinsichtlich der Verwendung des Begriffs Unterwerfung in Verbindung mit dem Begriff Darstellung – sowie die Unbestimmtheit dieser Passage bereiten ernsthafte Probleme, wenn wir uns im Bereich der Kunst bewegen. Für diesen Mann war das Stück sexuell stimulierend, trotz aller Bemühungen seitens der Beteiligten, ein kritisches Bild der Striptease-Tänzerinnen sowie von der Praxis des Striptease überhaupt zu vermitteln.

Es gibt keine eindeutige Lesart des Stücks in dem Sinn, daß es einfach die Unterwerfung der Frauen darstellt. In diesem Fall würde absurderweise eine Künstlerin für die Phantasien von Männern verantwortlich gemacht werden, die sie zu kritisieren beabsichtigte. Die ausufernde Definition, die durch die Zusammenführung der Begriffe »Unterwerfung«, »Darstellung« und »sexuell explizit« entsteht, muß inhaltlich näher eingegrenzt werden. Mein Vorschlag, der im folgenden eine Rolle spielen wird, ist der folgende Zusatz: »die deutliche Darstellung von Geschlechtsorganen *und* Geschlechtsakten«.

Für eine Veränderung des pornographischen Milieus

An diesem soeben diskutierten Fall wird deutlich – was MacKinnon in ihren Überlegungen nicht explizit mitbedenkt –, in welcher Art und Weise etwa feministische Künstlerinnen durch das hier diskutierte Gesetz behindert werden könnten, ihr weibliches Imaginäres zu befreien. In einer Debatte im *New York Times Magazine* zwischen Catharine MacKinnon und Floyd Abrams erhebt Abrams einen ganz ähnlichen Vorwurf.[35] Dabei geht es Abrams nicht um das spezifische Problem feministischer Künstlerinnen, sondern darum, ob bestimmtes künstlerisches Material im Sinne von MacKinnons Gesetzentwurf zukünftig einer Überprüfung im Hinblick auf dessen Auswirkungen auf Leser und Zuschauer unterzogen werden sollte. Auf die Frage, wie es denn mit Werken von James Joyce und D. H. Lawrence stünde, behauptet MacKinnon, daß diese Werke nicht von einem solchen Gesetz affiziert würden:

»Zum einen sind diese Stoffe nicht sexuell deutlich. Das Gericht wurde genauestens darüber unterrichtet, was mit sexuell deutlich im juristischen und allgemeinen Sprachgebrauch gemeint ist, und müßte dies somit wissen. Zum anderen ist von diesen Stoffen noch kein einziges Mal bekannt geworden, daß sie auch nur eine der Auswirkungen, die die Pornographie erzeugt, gezeigt haben, so daß Frauen durch sie unterworfen würden.«[36]

Strip Tease kann allerdings nun als Beispiel dafür angeführt werden, daß MacKinnons Gesetz gegen feministische Künstlerinnen gewandt werden könnte. Es ist keineswegs klar, daß *Strip Tease* aufgrund der Tatsache, daß dort gewisse Formen des Stripping gezeigt werden, nicht von manchen als »sexuell deutliches Material« betrachtet werden könnte. Da MacKinnon in ihrer Definition nicht die exakten Parameter des Wortlauts »sexuell deutlich« festlegt, ist es äußerst schwierig zu bestimmen, ob das Stück »sexuell deutliches Material« verwendet oder nicht. Tatsächlich hatte es ja einen Mann im Publikum gegeben, der von *Strip Tease* sexuell angeregt worden war. Offensichtlich ist jedoch der Frage nicht weiter nachgegangen worden, ob das Stück tatsächlich Handlungen verursacht hat, die Frauen geschadet haben. Die Schwierigkeit des Versuchs vorherzusagen, wie Männer auf eine bestimmte künstlerische Vorstellung reagieren, bürdet Künstlerinnen eine schwere Last auf – und nicht nur ihnen, wie wir am Beispiel von Abrams Einwurf gegen MacKinnon gesehen haben. Die allgemeinere Schwierigkeit, für die das Problem *Strip Tease* steht, ergibt sich daraus, daß MacKinnon sich im Rahmen ihrer Vorschläge auf die Reaktionen von Männern und nicht – wie in diesem Fall – auf die künstlerischen Absichten von Frauen konzentriert, die für die Befreiung des weiblichen Imaginären einstehen. Da sich MacKinnon auf eine bestimmte männliche Sichtweise kapriziert, fällt es ihr schwer zu sehen, welche Implikationen ihre Definition von Pornographie etwa für Künstlerinnen haben.

Ein Einwand von MacKinnon gegen mein Beispiel –

dessen Schlußfolgerungen ich sogar beipflichten würde – könnte sein, daß keine der grausamen Formen der Gewaltanwendung gegen Frauen in *Strip Tease* vorkamen. Die Frauen hatten bei der Produktion des Stücks weder Geschlechtsverkehr, noch wurden sie den Schmähungen und Beschimpfungen seitens des Publikums ausgesetzt, die laut MacKinnon zum Alltag von Striptease-Tänzerinnen gehören. Es gab keine Vergewaltigung, keine Prügel, keine Fesselung. Demzufolge ist *Strip Tease* strenggenommen kein pornographisches Stück.

Tatsächlich ist für MacKinnon der Schauplatz der Pornographie absolut einzigartig, weil hier erzwungene Prostitution und sexuelle Sklaverei ausgetragen werden. Es gibt jedoch eine Reihe von Pornodarstellerinnen – einschließlich derjenigen, die sich selbst ausdrücklich als Feministinnen bezeichnen –, die die Auffassung ablehnen, daß allein schon die Videoaufnahme von Geschlechtsakten sexuelle Sklaverei bedeutet. Trotzdem würden diese Frauen natürlich nicht behaupten, daß es keinen Mißbrauch in der heterosexuellen Mainstream-Pornoindustrie gäbe. Ihr Ziel ist es, das Milieu zu verändern, sowohl was die Herstellungsmethoden, also die Ausführung der Geschlechtsakte, als auch das öffentliche Ansehen der Frauen, die in diesen Filmen mitwirken, anbelangt. Kann die Pornoindustrie von innen heraus verändert werden? Können feministische Produzentinnen und Regisseurinnen, die sich von der Industrie verabschiedet haben, tatsächlich einen Wandel bewirken, wenn sie ihre eigene Produktionsnische suchen?[37] Kommen wir auf MacKinnon zurück, für die die Pornoindustrie ein Schauplatz männlicher Gewalt gegen Frauen ist:

»In empirischer Hinsicht wird jede Pornographie unter Bedingungen der auf der Geschlechtszugehörigkeit basierenden Ungleichheit hergestellt, in überwältigendem Ausmaß mit armen, verzweifelten, obdachlosen, prostituierten Frauen, die als Kinder sexuell mißbraucht wurden. Die Gewinne der Industrie beuten diese Bedingungen aus und bieten einen Anlaß dafür, sie aufrechtzuerhalten. Diese Bedingungen behindern eher die Entscheidungsfreiheit, als daß sie Freiheit anbieten. Sie sind, was notwendig ist, um Frauen das tun zu lassen, was sogar Bestandteil derjenigen Pornographie ist, die nicht unverhohlen Gewalt zeigt.«[38]

Ob überhaupt eine Veränderung auf dem Gebiet der Pornographie stattfinden kann oder nicht, ist für MacKinnons Sicht der Funktion, die die Pornographie im gesamtgesellschaftlichen Kontext, insbesondere in der männlichen Phantasiewelt, innehat, von entscheidender Bedeutung. MacKinnon glaubt an einen Zusammenhang »zwischen diesen Produktionsbedingungen und der Gewalt [...], die so oft gebraucht wird, um andere Frauen dazu zu bringen, die Sexualität vorzuführen, die Konsumenten wollen, weil sie sie gesehen haben« .[39] Demnach wäre es unabdingbar, das Milieu der Pornographie zu untersuchen, wenn wir uns die Auswirkungen der Pornographie auf unsere eigene Kultur vor Augen führen wollen. Um nochmals MacKinnon zu zitieren: »Wenn eine Frau gezwungen werden mußte, *Deep Throat* (einer der wohl erfolgreichsten

Pornofilme, bei dem die Hauptdarstellerin Linda Lovelace zur Mitwirkung gezwungen wurde; A.d.Ü.) zu machen, legt das nicht auch nahe, daß *Deep Throat* für alle Frauen gefährlich ist, die sich in der Nähe eines Mannes aufhalten, der tun will, was er in dem Film gesehen hat?«[40] Wenn MacKinnons Behauptung stimmt, dann würde die Veränderung der Sichtweise auf Pornodarsteller und -darstellerinnen, der Bewertung der Pornofilme sowie der Sichtweise der männlichen Konsumenten von Pornographie tiefgreifende Auswirkungen auf die Pornoindustrie selbst haben. MacKinnons kausale Prämisse, daß die pornographische Botschaft an den Penis adressiert ist, daß sie durch eine Erektion übermittelt und an Frauen in der realen Welt ausagiert wird, scheint mir falsch. Ich gestehe jedoch zu, daß die Bewertung der Pornographie im männlichen Imaginären sich auf die Sicht, die Männer auf die Pornographie haben, niederschlägt. Aus diesem Grunde dürfen die Auswirkungen, die positive Veränderungen im Rahmen von Pornodreharbeiten haben könnten, nicht unterschätzt werden.

Eine Veränderung der Lebensbedingungen der im Pornographiegewerbe beschäftigten Frauen würde allen Frauen nutzen. Wie können wir am effektivsten zu einer Veränderung des Milieus beitragen, und wie können wir uns mit den Zielen der Frauen, die Pornofilme machen, solidarisieren? Zuerst einmal müßte durchgesetzt werden, daß während der Dreharbeiten zu einem Pornofilm Kondome benutzt werden, um Frauen vor Geschlechtskrankheiten und insbesondere vor der Übertragung des HIV-Virus zu schützen. Die Produzentinnen und Regisseurinnen der ausdrücklich als feministisch ausgewiesenen Pornographiefirma *Femme Distribution, Inc.*, machen es zum Beispiel sämtlichen männlichen Beteiligten zur Auflage, Kondome zu benutzen. In der heterosexuellen Mainstream-Pornographie andererseits wird die Entscheidung, ein Kondom zu benutzen oder nicht, den Betreffenden immer noch selbst überlassen.[41] Der Zynismus, der den Männern ermöglicht, mit Frauen geschlechtlich zu verkehren, ohne ein Kondom zu verwenden und ohne sich einem Aids-Test unterzogen zu haben, ist haarsträubend. Um sicherzustellen, daß Proteste überhaupt Konsequenzen haben, muß zu dem Zeitpunkt protestiert werden können, wenn der Geschlechtsakt vollzogen wird, und nicht allein die Möglichkeit in Aussicht gestellt werden, zu einem späteren Zeitpunkt zu klagen. Es ist gewiß kein Trost, post festum, also nach einer Infizierung mit HIV, vor Gericht klagen zu können. Wenn uns an der Sicherheit von Frauen bei Dreharbeiten zu Pornofilmen gelegen ist, müssen wir sie in ihren Bemühungen um die Gewährleistung sicherer Arbeitsbedingungen aktiv unterstützen. Gegenwärtig versuchen viele Frauen, sich während der Dreharbeiten zu Pornofilmen zu organisieren.

Wir brauchen eine von Mißbrauch freie Umgebung. Dazu muß bereits vor den Dreharbeiten festgehalten werden, welche Arten von Geschlechtsakten vollzogen werden, und nur für diese Geschlechtsakte werden dann vertragliche Verpflichtungen eingegangen.[42] Die Frauen, die sich für eine Organisation einsetzen, wollen die verdeckte Welt der Pornofilme ans Tageslicht bringen. Ihr Ziel ist es, diese Welt in einen Arbeitsmarkt wie jeden anderen umzuwandeln und den hier beschäftigten Frauen ihr Ansehen zurückzugeben, das sie ihrer Meinung nach nicht nur aufgrund der Rolle, die sie in Männerphantasien (einschließlich derer ihrer Arbeitgeber) spielen, eingebüßt haben, sondern nicht zuletzt auch dank der streitbaren Feministinnen, die zu ihrer »Rettung« ausgezogen sind.

Wie werden Frauen zu Pornostars und warum werden sie es? Die erste Antwort auf diese Frage heißt Geld.[43] Ein Topstar der Pornoindustrie kann an einem Tag bis zu 2500 Dollar verdienen. Dieses Geld stellt eine ökonomische Realität dar, kann aber im Falle von Pornodarstellerinnen, die Opfer von Kindesmißbrauch waren, auch eine symbolische und psychoanalytische Funktion haben. Es kann dazu dienen, einer Frau das zurückzuerstatten, was ihr einst brutal und kostenlos entrissen worden ist. Ihr »Geschlecht« ist nicht mehr frei verfügbar, kann nicht mehr betrogen werden. Die Männer werden zur Kasse gebeten. Sucht es sich eine Frau einfach aus, ein Pornostar zu werden? Liefert uns die Versuchung des Geldes eine vollständige Erklärung? Ona Zee erinnert sich, daß – nach ihrer Erfahrung – alle Pornodarstellerinnen aus zerrütteten Familienverhältnissen stammen: »Kein kleines Mädchen wacht eines schönen Tages einfach auf und beschließt, mit Sex Geld zu machen.« Psychoanalytisch gesehen ist die »Entscheidung«, Pornostar zu werden, in vielen Fällen nicht von der Versuchung zu trennen, zum Schauplatz zurückzukehren, das Trauma noch einmal durchzuspielen. Wie Ona Zees Leben uns zeigt, muß dieses erneute Durchspielen allerdings nicht nur eine Wiederholung des ersten Mißbrauchs darstellen. Es kann auch eine Art von Wiedergutmachung sein.

Einen wesentlichen Aspekt dieser »Entschädigung« bildet der Kampf um die Gestaltung der Arbeitsbedingungen, die mit dem übereinstimmen müssen, was die Pornodarstellerinnen als angemessene Voraussetzungen für eine solche Arbeit ansehen. Ona Zee lehnt MacKinnons und Dworkins Charakterisierung der Dreharbeiten von Pornofilmen als unvermeidliche Schauplätze grauenhafter Mißhandlungen dezidiert ab. Der Kampf darum, den Pornodarstellerinnen eine Stimme zu geben und ihnen Schutz zu bieten, war das Hauptanliegen von Ona Zees Idee einer gewerkschaftlichen Organisierung. Der Einwand von Pornoaktivistinnen gegen eine feministische Sichtweise, die sie als »Opfer« betrachtet, basiert auf dem Vorwurf, daß diese Sichtweise elitäres Klassendenken reproduziert und ihre eigenen Vorstellungen nicht ernst nimmt. Sie sehen sich keineswegs als hilflose Opfer, als Gefangene einer Geschichte des Mißbrauchs, der sie nicht entrinnen können.

Die Figur der Retterin hat sowohl innerhalb des von der *Fabian Society* geprägten britischen als auch des konservativeren US-amerikanischen Feminismus eine lange Tradition.[44] Gewöhnlich fungiert dabei die weiße mittelständische Frau als Retterin, die die bevorzugte Opferfigur – die Prostituierte – aus ihrer Misere befreit. Diese Phantasie, die Lacan als »psychische Phantasie der Frau«[45] bezeichnet, erfreut sich einer stillschweigenden Akzeptanz in der traditionellen feministischen Szene. Sie trägt entscheidend dazu bei, daß die Prostituierte generell als eindeutiges Opfer eingestuft wird. Feministinnen haben im Rahmen der Pornodebatte diese Phantasie insoweit übernommen, als sie alle im Sex-Gewerbe beschäftigten Frauen über einen Kamm scheren – als handele es sich durchweg um Frauen, die bereits allein aufgrund ihres Entschlusses, sich im Sex-Gewerbe zu verdingen, degradiert sind. Die Realität dieses Gewerbes sieht leider häufig so aus, daß sie zu Stereotypisierungen der Frauen geführt hat, die in ihm tätig sind. Solche einfachen Stereotypisierungen bröckeln allerdings sehr rasch, wenn man auf Frauen trifft, die unter großen Schwierigkeiten versuchen, ihre Kolleginnen zu organisieren oder eigene Produktionsgesellschaften zu gründen.

Pornographie wird dann mit anderen Augen gesehen werden, wenn die Männer und Frauen, die sie sich anschauen, von den Protesten erfahren, die bei den einen oder anderen Pornodreharbeiten stattgefunden haben: Proteste von Frauen, die sich weigern, Analsex zu vollziehen (wie dies kürzlich in Los Angeles geschah); oder bestimmte Posen und Stellungen einzunehmen (weil sie sie als degradierend empfinden). Selbstorganisation entmystifiziert das Pornomilieu und muß deutlich machen, daß während der Dreharbeiten Geschlechtsakte vollzogen werden. Sie bringt diesen Sachverhalt ans Tageslicht und untergräbt dabei gleichzeitig die Vorstellung, daß alles, was sich bei den Dreharbeiten abspielt, eine fundamentale Erniedrigung von Frauen darstellt. Viele Pornoaktivistinnen sind der Überzeugung, daß durch die effektive Organisation von Frauen die gesamte Wahrnehmung der Pornodarstellerin sowie die Sicht auf die Industrie selbst verändert wird. Was immer die Pornographie im Licht der veränderten Arbeitsbedingungen sein könnte, sie wird nicht mehr den düsteren Boden bieten, auf dem die Phantasie bedenkenlos gedeiht.

Die Bemühungen um Selbstorganisation sind nicht einfach. Eine Schwierigkeit besteht darin, daß viele der im Pornogewerbe Beschäftigten keine feste Stelle haben. Sie sind mit dem Gewerbe nicht eng genug verbunden, um die Arbeitsbedingungen verändern zu wollen. Statt dessen nehmen sie das Geld und verschwinden wieder. Organisierungsbemühungen schlagen in diesen Fällen oft fehl.[46] Zudem widerspricht die Selbstorganisation der Vorstellung, die die Pornoindustrie sich von der Frau macht. Tatsächlich sind die überwältigende Mehrzahl der Regisseure und Produzenten in der Pornoindustrie Männer. Erst seit kurzer Zeit ist es Frauen gelungen, sich von der traditionellen heterosexuellen Pornographie frei zu machen und ihre eigenen Firmen zu gründen. Trotz der offensichtlichen Probleme, die der Aufstieg von Frauen zu Produzentinnen und Regisseurinnen innerhalb der Pornoindustrie bedeutet – ähnlich den Schwierigkeiten von Frauen in Hollywood –, sollten wir diese Bemühungen nicht automatisch als Ausverkauf an den Schrecken sexueller Sklaverei abtun. Die Meinungsvielfalt innerhalb der Pornoindustrie und die Beharrlichkeit einiger Pornodarstellerinnen, die sich für den Weg der Selbstorganisation entschieden haben, sollte uns erst einmal –

schon um ein bestimmtes elitäres Denken zu vermeiden – solidarisch stimmen.

Ist nun alle pornographische Arbeit zugleich auch Prostitution? Den Aktivistinnen zufolge gilt dies nur eingeschränkt, nach Maßgabe der jeweiligen Arbeitsbedingungen. Für sie ist es wesentlich einfacher, Pornodreharbeiten zu überwachen – dort kommen die Leute an einem bestimmten Ort zusammen, haben einen festen Arbeitsplatz, um gegebenenfalls gegen bestimmte Bedingungen zu protestieren –, als zu versuchen, Prostituierte, die meistens nicht an einem Ort leben, zu organisieren. Aktivistinnen haben immer wieder auf die Probleme hingewiesen, die beim Organisieren von Selbsthilfegruppen im Kampf gegen die Zuhälter auftreten.[47] Dementsprechend organisieren viel mehr Pornodarstellerinnen als Prostituierte ihre eigene Umgebung.[48] Die Gemeinsamkeit von Prostitution und Pornographie ergibt sich ausschließlich dadurch, daß die Geschlechtsakte nicht »simuliert«, sondern »real« vollzogen werden. Viele Pornoaktivistinnen setzen sich aus diesem Grund für die Entkriminalisierung der Prostitution und für das Recht von Prostituierten, sich zu organisieren, ein. Mißbrauch und Gewalt sind im Rahmen der Prostitution aufgrund der unüberschaubaren Verhältnisse jedoch schwieriger unter Kontrolle zu bringen. Solange sich Prostitution und Pornoarbeit weiterhin im Dunkel der Halblegalität beziehungsweise der Kriminalisierung abspielen, lassen sich die Schwierigkeiten nicht ausräumen, diese Milieus zu kontrollieren.

Funktion und Rechtfertigung von Bürgerrechtsstatuten für Pornodarstellerinnen

Es wird behauptet, daß das Strafrecht Frauen, die bei Pornodreharbeiten mißhandelt wurden, bereits Klagemöglichkeiten einräumt, insbesondere wenn sie vergewaltigt, geschlagen oder auf irgendeine andere Weise im Rahmen dessen, was als verfolgbare Straftat gilt, mißhandelt wurden. Angesichts der gängigen Meinung über Frauen, die in diesem Gewerbe tätig sind, ist es wichtig, auf die Probleme hinzuweisen, die diese Frauen bei der Inanspruchnahme des Strafrechts haben. Die Schwierigkeit, auf die MacKinnon in bezug auf die Ansichten über die Glaubwürdigkeit von Frauen im allgemeinen hingewiesen hat, verschärft sich im Fall von Frauen, die im Sex-Gewerbe arbeiten und deshalb in den Augen der Öffentlichkeit als suspekt erscheinen.

Eine Zivilrechtsklage mit der Absicht, den rechtlichen Status sämtlicher in der Pornoindustrie beschäftigter Frauen anzuerkennen, würde den Kampf um die Veränderung der öffentlichen Wahrnehmung von Pornodarstellerinnen erheblich unterstützen. Die Möglichkeit für Frauen, im Falle von Vergewaltigung und sonstigen Verbrechen ihre rechtlichen Ansprüche geltend zu machen, erkennt die spezifischen Ungleichheiten an, die durch die Einschätzung von Frauen als sexuell verfügbare Wesen perpetuiert werden. Frauen, die als Pornodarstellerinnen engagiert werden, verpflichten sich, für einen bestimmten Zeitraum für bestimmte sexuelle Handlungen verfügbar zu sein. Sie verpflichten sich zu nichts anderem, als zu genau diesen sexuellen Handlungen, die ihnen vorgeschrieben werden. Pornodarstellerinnen erklären sich nicht zum Vollzug jeglicher Geschlechtsakte bereit, besonders nicht derer, die nicht ausdrücklich vertraglich festgelegt worden sind. Ein Gesetz, das es Pornodarstellerinnen ermöglicht, ihre Rechte einzuklagen, setzt zunächst die Entkriminalisierung von Pornodreharbeiten voraus.

Bis zu diesem Punkt ging es überwiegend um den symbolischen Stellenwert, der einer gesetzlichen Regelung zukommt, die Frauen innerhalb der Pornoindustrie in die Lage versetzt, gerichtlich gegen Mißhandlungen vorzugehen. Ich möchte jedoch auch auf das im Rahmen von MacKinnons und Dworkins Gesetz vorgesehene Rechtsmittel eingehen, auf dessen Basis Frauen, die bei Dreharbeiten zu einem Pornofilm mißhandelt werden, um eine gerichtliche Verfügung für dessen Verbot nachsuchen können. MacKinnon und Dworkin wollen – und dies unterstütze ich – diesen Frauen das Recht einräumen, die weitere Verbreitung des betreffenden Films untersagen zu lassen. Um diesen rechtlichen Anspruch jedoch seiner ganzen Tragweite nach einordnen zu können, muß er meiner Meinung nach in den Kontext der phantasmatischen Dimension körperlicher Integrität gerückt werden sowie in den Kontext des notwendigen Schutzes der psychischen Sphäre, der für die Überwindung eines Traumas nach einer Vergewaltigung notwendig ist. Wenn eine Frau bei Pornodreharbeiten vergewaltigt wird, so wird sie zum Zeitpunkt der Vergewaltigung mißhandelt. Wird anschließend nicht verhindert, daß ein Bild von ihr in Umlauf gebracht wird, das sie nicht nur als mögliche Vergewaltigte, sondern als tatsächlich Vergewaltigte darstellt, kann sie sich von diesem Trauma nicht regenerieren. Um ihre körperliche Integrität zurückzugewinnen, muß eine Pornodarstellerin in der Lage sein, ein Bild von sich zu vermitteln, das ihrem eigenen entspricht und dem entgegenwirkt, was ihr im Film aufgezwungen wurde. Außerdem braucht sie den nötigen Abstand, um sich von der Person, die sie als Pornostar war, zu distanzieren. Linda Lovelace benutzt heute wieder ihren eigenen Namen – gewissermaßen im Sinne eines ersten Schrittes zur Wiedergewinnung einer Identität, die für sie durch den Zwang, ein Leben als Pornodarstellerin zu führen, zerstört war.[49] MacKinnon tritt dafür ein, daß bei einer begangenen Straftat im Laufe der Dreharbeiten zu einem Pornofilm die betroffene Frau das Recht erhalten soll, die Verbreitung des Films zu untersagen beziehungsweise einschränken zu lassen. Die Anerkennung des phantasmatischen Aspekts der körperlichen Integrität und des Stellenwerts, den der Schutz der psychischen Sphäre für die Überwindung eines solchen Traumas spielt, erlaubt uns jedoch, effektiver als MacKinnon zur Verteidigung dieser Rechte aufzurufen.

Es muß eindeutig geklärt werden, welche Straftaten im Verlauf von Pornodreharbeiten stattgefunden haben müssen, damit mißhandelte Frauen gegen die Verbreitung eines pornographischen Films vorgehen können, in dem die Mißhandlung, das Verbrechen und die

Vergewaltigung begangen wurden. Einen Film per gerichtlicher Verfügung zu beschlagnahmen, ist eine folgenreiche Entscheidung, deren Konsequenzen genauestens abgewogen werden müssen.

Auch in diesem Kontext würde die Selbstorganisation und Selbstbestimmung von Pornodarstellerinnen an ihrem Arbeitsplatz politisch sinnvoll sein. Wenn Pornodarstellerinnen einer Organisation angehörten, die ihre Interessen wahrnähme, würden sie nicht auf sich gestellt sein – was ihnen sehr zugute kommen würde. Man braucht viel Geld, um einen Anwalt mit einer gerichtlichen Klage zu beauftragen. Wenige Anwälte nur können Zivilrechtsstreitigkeiten auf der Basis eines Erfolgshonorars übernehmen. Woher nimmt eine arbeitslose Frau das Geld? Sie muß sich an Organisationen wenden, von Freunden Geld leihen oder sich nach anderen Arten von Unterstützung umsehen. Eine Klage vor Gericht durchzufechten, dauert lange. Die Dauer eines Rechtsstreits ist lang, und der Streit ist ermüdend. Die persönliche Belastung der Klägerin ist hoch – besonders in Fällen, wo sie die Last gesellschaftlicher Phantasien trägt. Allerdings gilt dies nicht nur für Pornodarstellerinnen, sondern für jede Frau, die sich dazu entschließt, ihren Arbeitgeber wegen Diskriminierung oder sexueller Belästigung zu verklagen.

Hören wir MacKinnon zu dem aufsehenerregenden Anita-Hill-Verfahren:

»Wir hörten die gesprochene Stimme einer Frau, die die Geräusche des Mißbrauchs von sich gab, den Moment, in dem das Schweigen über die Unaussprechlichkeit der Erfahrung bricht, das Echo dessen, was ungehört war. Ein großer Teil der Antwort war Unglaube, die erneute Bestätigung des Schweigens des ›Nichts passiert‹, der Versuch, die unangenehme Wahrheit durch pathologisierendes Verwerfen wieder unter den Teppich zu kehren.« [50]

Um genau dieses pathologisierende Nicht-Wahrnehmen-Wollen geht es, das alltägliche Realität für Frauen ist, die in diesem Kontext klagen. Allein schon zur Verhinderung der psychischen Folgen, die daraus entstehen, daß Frauen in Fällen sexueller Belästigung und Diskriminierung als Klägerinnen auftreten, ist es nötig, zur Solidarität aufzurufen. Wenn ein Fall tatsächlich vor Gericht kommt, kann die Unterstützung einer starken Frauengruppe, die gewerkschaftsähnlich organisiert sein mag, verhindern, daß Frauen öffentlich so vorgeführt werden, wie es MacKinnon beschreibt.[51]

Gesetzliche Regelungen sind lediglich ein Teil unseres Kampfes. Sie sind kein politischer Endzweck. MacKinnon und Dworkin haben viel dazu beigetragen, das feministische Augenmerk auf die Notwendigkeit zu lenken, daß Pornodarstellerinnen ein Gesetz an die Hand gegeben wird, das es ihnen ermöglicht, ihre vollen Grundrechte als Bürger sowie Entschädigung für erlittene Erniedrigungen einzuklagen.

Was sagt Pornographie wie?

MacKinnons Analyse des durch Pornographie zugefügten Schadens geht weit über ihr Argument hinaus, daß die Pornographieproduktion im Blick auf den Fall der Zwangsausübung gesetzlich überwacht wird. Das Faktum, daß der sexuelle Akt in der Pornographie vollzogen wird, läßt sie schlußfolgern, daß wir es dabei mit zweidimensionalem Sex und deshalb eher mit Handlung als mit Rede zu tun haben. Pornographie ist keine Darstellung von Geschlechtsverkehr im traditionellen Sinn; sie handelt nicht von Geschlechtsverkehr und stellt keine erotischen Szenen dar, die auf Geschlechtsverkehr schließen lassen. Weil der Geschlechtsakt in einer pornographischen Szene nicht vorgetäuscht wird, schließt MacKinnon, daß der Geschlechtsakt als etwas gesehen werden sollte, das dem Körper der Frau als Handlung so tatsächlich widerfahren ist. Dabei ist die zeitliche Dimension aus zwei Gründen wichtig. Zunächst deshalb, weil MacKinnons Argument nicht auf eine generelle Einschränkung zielt und sich deshalb auf das tatsächliche, vergangene Geschehen des Mißbrauchs beziehen muß. Eine Frau *wurde* in der pornographischen Szene vergewaltigt und ihr ist Schaden zugefügt *worden* und deswegen hat sie das Recht, Entschädigung für den ihr zugefügten Schaden zu fordern. Zweitens bedeutet die zeitliche Dimension bei MacKinnon, daß der Geschlechtsakt tatsächlich stattgefunden hat. Was dem männlichen

Betrachter gezeigt wird, ist folglich tatsächlicher Sex. Er findet auf der pornographischen Bühne statt und wird wiederholt, wenn der männliche Betrachter sexuell darauf reagiert. Wenn es im dargestellten Geschlechtsakt zu Gewalt kommt, dann lebt der Mann in seiner sexuellen Reaktion seine durch die Gewalt erzeugte Erregung aus. Der »vergangene Geschlechtsakt« wird in diesem besonderen Fall zu einem »gegenwärtigen Geschlechtsakt«. Vergangenheit und Zukunft werden eins, wenn der Mann reagiert, eine Erektion bekommt und dann masturbiert. MacKinnon schreibt:

»Was hier wirklich ist, ist nicht, daß diese Materialien Bilder sind, sondern daß sie Teil einer sexuellen Handlung sind. Die Frauen existieren in zwei Dimensionen, aber die Männer haben mit ihnen Sex in ihren eigenen dreidimensionalen Körpern, nicht nur in ihren Köpfen. Männer kommen dabei. Das ist auch ein Verhalten, nicht ein Gedanke oder ein Argument. Es sind nicht Ideen, über denen sie ejakulieren. Versuchen Sie doch irgendwann einmal, mit einem Orgasmus zu diskutieren. Sie werden herausfinden, daß Sie mit dem sexuellen Zugriff und der Macht, die diese Materialien bieten, nicht mithalten können.« [52]

Dieses Verständnis von Pornographie als zweidimensionalem Sex wird mit Fragen der Abhängigkeit in Zusammenhang gebracht. Der Mann, der zweidimensionalen Sex gehabt hat, wird mehr wollen. Er wird die Szene mit wirklichen Frauen nachstellen wollen. Er wird sich nicht mehr mit einem Phantasieobjekt begnügen:

»Früher oder später, auf die eine oder andere Art und Weise, wollen die Konsumenten die Pornographie in drei Dimensionen weiter ausleben. Früher oder später, auf die eine oder andere Art und Weise, tun sie es. *Sie* bringt sie dazu, das zu wollen; wenn sie glauben, sie können es, wenn sie glauben, sie kommen damit unbehelligt davon, tun *sie* es. Je nach der von ihnen gewählten Sphäre der Umsetzung können sie die Macht benutzen, die sie haben, um die Welt einen pornographischen Ort bleiben zu lassen, so daß sie weiterhin vom Alltag scharf werden können. Als Konsumenten von Pornographie können Lehrer epistemisch unfähig werden, ihre Schülerinnen als ihnen potentiell Gleiche zu sehen, und sie können unbewußt das Thema Vergewaltigung aus der Perspektive des Beschuldigten lehren. Ärzte mögen anästhesierte Frauen bedrängen, es genießen, Schmerz während der Geburt zuzufügen, und den Schmerz zu sehen, und sie mögen Pornographie benutzen, um Sexualkunde im Medizinstudium zu unterrichten. Einige Konsumenten schreiben auf Toilettenwände. Einige legen damit zweifelsohne richterliche Entscheidungen fest.« [53]

Die Darstellung von Zwang und die männliche Reaktion darauf verändert infolgedessen das Handeln der Männer, weil sie erstens masturbieren und zweitens Frauen tatsächlich Gewalt antun.

Für MacKinnon gibt es einen unausweichlichen kausalen Zusammenhang zwischen dem Konsum von Pornographie und dem durch diesen Konsum stimulierten Handeln in der wirklichen Welt. In der Sprache des Ersten Amendments kommt das dem Argument nahe, daß Pornographie ein unbewußter Anreiz ist, Frauen anzugreifen. Noch wichtiger ist, daß er zwangsläufig in die Tat umgesetzt wird. Pornographie stellt also eine »klar erkennbare und gegebene Gefahr« dar. Doch was vermittelt Pornographie eigentlich? Bevor ich mich dieser Analyse zuwende, möchte ich jedoch auf die ungewollte Ironie in MacKinnons Konzept von Sexualität und besonders von männlicher Sexualität hinweisen, die ihrer These, daß Pornographie nicht bloße Rede sei, zugrunde liegt.

Um analytische Klarheit in MacKinnons Konzept, was Pornographie ist und wie sie funktioniert, zu bringen, möchte ich zwei ihrer Thesen herauslösen. Die erste These besagt, daß Pornographie zweidimensionaler Sex ist. MacKinnon behauptet:

»In den Jahrhunderten, bevor Pornographie zu einer ›Idee‹ gemacht wurde, die den Schutz des Ersten Amendment verdient, haben sich Männer vergnügt und ihre sexuellen Praktiken mit der Feststellung entschuldigt, daß der Penis kein Organ des Denkens ist. Aristoteles sagte, ›es ist unmöglich, über irgend etwas nachzudenken, während man von den Freuden der Sexualität absorbiert ist‹. Das jiddische Äquivalent kann grob mit ›wenn der Schwanz steht, liegt der Schädel im Dreck‹ übersetzt werden. Die Gemeinsamkeit besteht darin, daß Sexualität antithetisch zu Denken ist. Es wäre ihnen nicht eingefallen zu denken, daß Sexualität Denken ist.«[54]

Und weiter:

»Pornographie ist Masturbationsmaterial. Sie wird als Sexualität benutzt. Sie ist daher Sexualität.«[55]

Aber Pornographie ist nicht nur deshalb keine Rede, weil sie Sex ist; sie führt zu Gewalt gegen Frauen, weil sie Männer via Sex nach Gewalt süchtig macht. Sie werden nämlich zweidimensionalen Sex in dreidimensionalen verwandeln, d.h., Frauen vergewaltigen. Weil Pornographie Männer zu Gewalt anspornt, so das Argument, muß sie nach den traditionellen Regeln des Ersten Amendments reguliert werden, da sie eine klar erkennbare und gegebene Gefahr darstellt. Diese Sicht der männlichen Sexualität ist jedoch von MacKinnons Argument, daß Pornographie nicht Rede, sondern zweidimensionaler Sex sei, nicht zu unterscheiden. Pornographie, so MacKinnon, kann nicht Rede sein, weil sie direkte Kommunikation mit dem Penis und nicht mit dem Verstand ist. Mit dieser Argumentation steht MacKinnon nicht allein. Frederick Schauer hat zum Beispiel argumentiert, daß »die Grundlage für die Ausnahme von Hardcore-Pornographie aus dem Prinzip der freien Rede nicht die ist, daß sie auch, sondern daß sie nur einen physischen Effekt hat«.[56] Diese These beruht auf zutiefst behavioristischen Annahmen. Die Körper von Männern sind von einem Reflex auf die Bilder bestimmt. Dieser Reflex bringt Männer ohne ein

Dazwischentreten des Verstandes dazu, auf Frauen loszugehen. Pornographie kommuniziert nicht mit dem Verstand der Männer; sie ist nur Auslöser für den Penis. Als solcher kann sie nicht als Ausdruck geschützt werden. Genau diese Erklärung der verführerischen Wirkung von Pornographie auf männliche und weibliche Konsumenten weise ich zurück – verführerisch, weil sie sie als imaginäre Teilnehmer in der dargestellten Szene sexuell erregt.

Bevor ich mich der psychoanalytischen Erklärung, warum Pornographie verführt und worauf ihre Fähigkeit beruht, Konsumenten in das pornographische Szenario zu locken, zuwende, möchte ich noch einmal betonen, daß MacKinnons Sicht auf die Männer die pornographische Welt, die sie kritisiert, widerspiegelt.[57] Im allgemeinen geht es in der Pornographie um die Abstraktion oder die Reduktion eines menschlichen Wesens auf seine elementaren Körperteile. Hier gibt es kein Selbst, sondern nur den auf die Geschlechtsteile in der Bildersprache der Geilheit reduzierten Körper. Das ist eine andere Einschreibung – diesmal von der weiblichen Sicht des Mannes her – der Freudschen Einsicht, daß Anatomie Schicksal ist.[58] Der Mann wird zu seinem Penis. Er kann es nicht ändern. Der Penis setzt sich gegen ihn durch. Er ist auf seinen Schwanz reduziert.

In der Pornographie wird der Schwanz immer steif, ewig geil dargestellt und mit positiven »Attributen« ausgestattet: er kann immer ficken und kommen. Trotzdem bleibt es anatomischer Reduktionismus, indem aus der sexuellen Differenz eines Mannes alles entfernt wird, was ihn zu einem Selbst macht, und nur ein einziger Aspekt seines Lebens übrigbleibt – ein Wesen, dessen Sexualität ihn völlig überwältigt. Das Phantasma des Schwanzes, der den Mann kontrolliert, ist untrennbar mit der pornographischen Welt verbunden. MacKinnons Sicht der Männlichkeit spiegelt eben die pornographische Welt wider, vor der es ihr schaudert. Ich glaube, daß Männer eine Erektion haben und gleichzeitig denken können. Und daß sie sich vor allem aus einer Erektion herausdenken können. Dies ist bloß der Anfang einer Analyse der Komplexität des Begehrens, das die tiefsten Bewußtseinsschichten, unbewußte Phantasien, halbbewußte Konstrukte, Sehnsüchte und Hoffnungen einschließt, die unzutreffend erfaßt werden, wenn man außer acht läßt, daß sie einen kognitiven Gehalt haben.

Doch wodurch und warum ist Pornographie in unserer Kultur so allgegenwärtig geworden? Der Hinweis auf technologische Veränderungen ist nicht ausreichend, obwohl diese Veränderungen den Zugang zu Pornographie erleichtert haben. Pornographie stellt eine einträgliche Industrie dar. MacKinnon hat uns dazu gezwungen, uns mit der Allgegenwärtigkeit von Pornographie und ihrer völligen Einpassung in unsere gesellschaftliche Wirklichkeit auseinanderzusetzen, auch wenn einige ihrer Kritiker versucht haben, die Rolle der Pornographie in unserem gesellschaftlichen, kulturellen und emotionalen Leben herunterzuspielen. Ronald Dworkin hat zum Beispiel behauptet, daß »die meisten Männer Pornographie beleidigend finden«.[59]

In ihrer Erwiderung auf Dworkin hat MacKinnon dagegengehalten, daß er das Ausmaß der pornographischen Durchdringung unseres Lebens und das Ausmaß, in dem sie Frauen unweigerlich Schaden zufügt, verleugnet. Dies reicht jedoch nicht aus für die Erklärung der Allgegenwärtigkeit von Pornographie. Wir brauchen eine Analyse dieser beiden Aspekte der Pornographie, um zu verstehen, warum der Markt dieser Industrie ständig wächst.

Eine psychoanalytische Erklärung von Pornographie trägt Pornographie als kulturellem Phänomen Rechnung. Eine solche Analyse erklärt nicht nur ihre Allgegenwärtigkeit, sondern kann auch als Grundlage für mögliche Einschränkungsmaßnahmen dienen. Die Versuchung der Pornographie hat sexuelle Erregung zum Ziel. Um ihre Versuchung zu erklären, möchte ich auf Jacques Lacan zurückgreifen, weil er uns ein ganzes Bedeutungsfeld für Geschlechtsrollen und Sexualität zur Verfügung stellt. Dabei steht im Zentrum die Behauptung, daß am Grunde der westlichen Kultur die verdrängte, verworfene Figur des absoluten Objekts des Begehrens liegt, die phallische Mutter.

Lacan zufolge findet die Ausbildung des sprachlichen Bewußtseins, also dessen, was als rationale kognitive Seite des Menschen bezeichnet wird, statt, wenn das Kind gezwungen wird, zu erkennen, daß die Mutter von ihm getrennt ist. Sie ist nicht einfach als Garant seiner Identität da. Die Erkenntnis des Begehrens der Mutter und die Trennung von ihr sind unzertrennlich. Und diese Erkenntnis ist unvermeidlich, weil Mütter auch Frauen sind. Eine begehrende Mama kann es in der imaginären Dyade von Kind und Mutter nicht geben. Deswegen wird diese Dyade zwangsläufig von einem Dritten aufgebrochen – von dem, was die Mutter begehrt. Aber muß dieser Dritte notwendig der Vater sein? Falls es nicht der tatsächliche Vater ist, ist es dann das, was der Vater symbolisiert? Lacans Version des Freudschen Ödipuskomplexes zufolge müßte diese Frage mit ja beantwortet werden. Um zu verstehen, warum der Dritte unweigerlich unbewußt als der imaginäre Vater identifiziert wird, müssen wir die Wirkungen der ersten und unvermeidlichen narzißtischen Wunde erklären. Es ist diese Wunde, so meine These, die den Konsumenten/den Leser in das pornographische Szenario lockt. Der primordiale Moment der Trennung von der Mutter ist aufgrund der völligen Abhängigkeit des Säuglings von der Mutter tatsächlich lebensbedrohend. Das Bedrohliche, das die Mutter in ihrer Getrenntheit darstellt, löst einen Kampf aus, in dem das Kind versucht, die Abhängigkeit von und das Bedürfnis nach ihr zu überwinden. Die Bewegung vom Bedürfnis zur Forderung »gib mir« ist teilweise der Ausdruck des Kindes für die Verletzbarkeit seines Bedürfnisses. Der Widerstand richtet sich gegen die Mutter, weil das Kind ihr Begehren als etwas wahrnimmt, das es seiner Sicherheit beraubt. Diese Art von absoluter Sicherheit ist natürlich ein Phantasma. Die Bedingung dieses Phantasmas ist, daß die Mutter nicht »geschlechtlich« ist. Das Phantasma hängt also unweigerlich mit dem präödipalen Stadium zusammen; es fällt in die Zeit, in der die volle kulturelle Bedeutung der sexuellen Differenz noch nicht erkannt ist oder diese

Differenz bildlich als einfache Vorstellung funktioniert, daß Männer Schwänze und Frauen Löcher haben.

Das Phantasma vollkommener Sicherheit gründet sich in dem entsprechenden Phantasma, daß die Mutter ganz ist – unversehrt vom Drängen des Begehrens. Diese phantasmatische Figur, von der das Kind in seinem Bedürfnis völlig abhängig ist, ist die phallische Mutter. Wenn die phantasmatische Mutter-Kind-Dyade einmal erschüttert ist, bleibt die phallische Mutter im Imaginären als allmächtig und in ihrer Macht, Leben zu geben und zu nehmen, als bedrohlich zurück. Ein Ergebnis der ödipalen Phase, die vom Erwachen des Begehrens nach der Mutter geprägt ist, ist die nackte Angst vor der phantasmatischen Andersheit dieser imaginären allmächtigen Mutter. Die Angst, verbunden mit der Sehnsucht, zu diesem imaginierten Anderen zurückzukehren, erklärt die Verdrängung dieser Figur ins Unbewußte. Die Angst kann auch den Drang, in die symbolische Ordnung einzutreten, erklären, um nach Erfüllung des Begehrens zu suchen, das nicht mehr länger durch das Phantasma der »phallischen Mutter« garantiert werden kann, die nur »für ihr Kind« da ist. Das Begehren richtet sich kurz gesagt auf den einen Anderen, der für immer und ewig die Erfüllung meines Begehrens garantieren kann. Die Mutter, die als vom Kind getrennt und als deswegen unvollständig wahrgenommen wird, wird um ihres Mangels willen verworfen, der im Unbewußten untrennbar an ihr Versagen gekoppelt ist, die phantasmatische Figur zu sein, die die Erfüllung des Begehrens des Kindes sicherstellt.

Der primordiale Moment der Trennung wird nicht

nur als nackter Terror und als Angst vor Verlust erfahren, sondern auch als Gewinn einer von der Mutter getrennten Identität. Der Versuch, die Zwiespältigkeit eines Verlustes, der auch ein Gewinn ist, auszuhandeln, zeigt sich in dem Fort-Da-Spiel von Freuds Enkel Ernst. Das Spiel agiert das Phantasma aus, daß das Kind von der Mutter/dem Anderen zwar getrennt ist, aber dennoch über sie verfügt. Diese Verhandlung setzt jedoch eine unbewußte Identifikation mit demjenigen voraus, von dem man annimmt, er sei fähig, das Andere zurückzubringen, weil er der Ort ihres Begehrens ist. Das narzißtisch verwundete Kind wendet sich also an den imaginären Vater als denjenigen, den die Mutter begehrt. Was aber macht ihn einzigartig? Was macht ihn so besonders? Was hat der Vater, das die Mutter begehrt? Die einfache Antwort heißt der Penis. Für Lacan ist es jedoch so einfach nicht. Die Identifikation mit dem imaginären Vater ist von der projizierten Fähigkeit unabtrennbar, die Mutter zu beherrschen, ihr buchstäblich einen Namen zu geben und so sicherzustellen, daß sie und dementsprechend das Kind einen Fürsprecher hat. Der große Andere, der insofern über die Mutter verfügt, als er ihr seinen Namen aufprägt, wird als prekäre Sicherung gegen den Identitätsverlust etabliert. Diese Sicherung kompensiert den Verlust der phantasmatischen Mutter-Kind-Dyade. Das Zerbrechen des Phantasmas der phallischen Mutter und die Anerkennung der Getrenntheit fällt mit dem Begehren zusammen, sich an einen Dritten zu wenden, der die Identität des Kindes sicherstellt, weil es nicht darauf zählen kann, sein eigenes Sein durch die Einheit mit ihr zu sichern.

Der Name des Vaters und das symbolische Register seiner Macht ist der Grund für die Identifikation mit ihm und nicht die einfache Tatsache, daß er einen Penis hat. Der biologische Penis gewinnt die Bedeutung, die er hat, nur durch Identifikation mit dem großen Anderen, der durch seine Fähigkeit, die Mutter/das Andere zu beherrschen, Identität sichert. In der Pornographie hingegen wird eben dieser biologische Penis, d.h. die simplistische Gleichsetzung von Penis und Phallus, im ewig steifen Schwanz dargestellt, der »den großen Ficker im Himmel« nachäfft, der die Frau immer nehmen kann. Der ewig steife Schwanz, den wir in der Pornographie sehen, ist der imaginäre Schwanz des Vaters, der die schreckenserregende Figur der phallischen Mutter beherrschen kann.

Dieses Phantasma schützt den Mann davor, mit der Möglichkeit der unbewußten Spaltung zwischen Phallus und Penis konfrontiert zu werden. In seiner Angst, daß er auch Mangel ist, d.h., daß der Penis niemals der Phallus ist und auch nie sein kann, da der Phallus nur als Phantasma existiert, wendet er sich der Pornographie zu und setzt sich selbst als allmächtigen Vater, als der mit dem steifen Schwanz. Dieser Schwanz schützt ihn vor ihr. Er benützt diesen phantasmatischen Schwanz, um sich mit ihr zu entidentifizieren. Er benützt diesen Schwanz, um sie zu beherrschen, zurückzubringen und zu zerstückeln. Dieser andere Körper wird als das phantasmatische Andere, als blutendes Loch, als Mangel an Haben, das im Bewußten des Mannes als das lauert, was er wirklich ist, ausagiert.

Die Schläge und die Stöße erotischer Gewalt, die vom Schwanz oder seinen Symbolen wie Waffen gegen das erschreckende Andere eingesetzt werden, schützen den Mann vor der unbewußten Realisierung, daß dieses Andere, diese blutende, von der Kastration zurückgelassene Narbe ein Bild dessen ist, was er zu sein fürchtet. In einem letzten Akt der Ent-Identifikation und der Verwerfung reißt er sie auseinander. Aber eben weil sie eine phantasmatische Figur ist – und deshalb immer bloß als Abwesenheit vorhanden – kehrt sie wieder, ihn heimzusuchen. Das pornographische Szenario muß wiederholt werden, weil die phallische Mutter, unterdrückt, zerstückelt, auseinandergerissen, auf der Ebene des Unbewußten immer wiederkehren wird. Die Verbindung zwischen dem pornographischen Szenario, der Verwerfung der phallischen Mutter und der unbewußten Angst, daß der Mann im Mangel-des-Habens ist, den die Frau repräsentiert, wird jetzt klar. Das pornographische Szenario wird vom Todestrieb im Freudschen Sinne angetrieben; es ist erstarrter Tanz der Zerstückelung, der sein Ziel nie erreichen kann.[60] Doch was ist das Ziel? Das Ziel ist, ein für allemal in die Position des imaginären Vaters aufzusteigen, der die Frau/das Andere völlig beherrschen kann. Wirkliche Frauen können im Leben nie zu Objekten reduziert werden. Man kann eine Frau umbringen. Aber selbst in ihrer Abwesenheit wird sie in dem Maße, wie sie mit der phallischen Mutter identifiziert wird, den Mann weiter heimsuchen.

In dem Film *Psycho* hat Alfred Hitchcock einen Massenmörder gezeichnet, der nicht aufhören kann, die phallische Mutter umzubringen. Sie erhebt sich in der Abwesenheit, die nach ihrem Mord zurückbleibt, ewig wieder. Die Spur zerstückelter Körper, die er zurückläßt, ist ein furchteinflößendes Zeugnis für die Gefahr und die Bedrohung, die das Unbewußte darstellt.[61] Ein pornographischer Markt von acht bis dreizehn Milliarden Dollar ist Indiz für die Stärke des Lacanschen Arguments, daß die phantasmatische Figur der phallischen Mutter es für einen Mann schwierig, wenn nicht unmöglich macht, seiner Kastrationsangst – und das heißt einer Frau als ganzem Selbst – ins Gesicht zu sehen. Der zerstückelte Körper der Frau nimmt die Form des »Objektes« an. Es gibt Brustmänner und Beinmänner. Es gibt Frauen, die nur ihre Fotze sind.

Anstelle einer vielfältigen und aufgefächerten Beschreibung der tatsächlichen Macht von Frauen als geschlechtlichen Wesen, deren Sexualität von ihnen bestimmt und gelebt wird, tritt eine phantasmatische, bedrohliche und lauernde Figur, die man in seine Gewalt bringen muß. Die Aufregung und die sexuelle Erregung der Pornographie ist untrennbar mit dem transzendenten Phantasma verbunden, sich endlich ganz von dem körperlichen Anderen, von dem man so ganz abhängig war, gelöst zu haben. De Sade, der im Töten den höchsten Akt der Transzendenz und der Macht sah, war das klar.[62] De Sade zufolge tat man während des »Fickens« nur eins: man dachte sich in ein Jenseits des Körpers. Im Moment des »Fickens« sah man sich selbst als Beherrscher des Anderen. Als Anhänger einer sexuellen Ideologie, die Teil des rationalistischen Materialismus seiner Zeit[63] war, war de Sades letzter Begriff von Selbsterkenntnis: »Ich bin, weil ich ficke, und ich weiß, daß ich dich ficke.«

Aber de Sades Glaube an das Wissen, das ihm als Wissen der Beherrschung der gefürchteten Frau gegeben war, war selbst ein Phantasma – das Phantasma, das dem pornographischen Szenario zugrunde liegt. Ohne diese Angst, so meine These, wäre man nicht erregt. Ohne das Phantasma, daß man das begehrte Objekt beherrscht, und ohne das zumindest unbewußte Wissen, das dies unmöglich ist, gäbe es keine Wiederholung und nicht das Begehren, immer und immer wieder zu dieser Frau in Banden und in Ketten zurückzukehren.

Die Trennung von phallischer Mutter und tatsächlicher Mutter erklärt ihre Verknüpfung mit den Figuren des »bösen Mädchens«. Wenn man bedenkt, welche Rolle die Rasse auf der phantasmatischen Ebene spielt, ist es nicht überraschend, daß afro-amerikanische Frauen in der Pornographie das *non plus ultra* des »bösen Mädchens« und deswegen das *non plus ultra* des Begehrens sind. Die in Ketten tobende afro-amerikanische Frau ist eine genaue Repräsentation des furchteinflößenden Anderen, den man gerade nur eben beherrscht. Die Angst und das Phantasma der Herrschaft strömen im Orgasmus zusammen. Gäbe es nicht diese Angst, diese unbewußte Furcht vor der noch genau erinnerten Frau und die Erinnerung an das Auslöschen der tatsächlichen Mutter, um sich im Unbewußten mit ihr zu identifizieren, könnte man die Verführung der Pornographie nicht erklären. Das Szenario der Pornographie ahmt als Verbotenes, als Eintritt in eine andere Welt den

Aufstieg des Kindes in die erwachsene männliche Symbolik nach, in der es ein Mann wird, stolz auf seinen Schwanz, der Frauen beherrschen kann und den Anderen zurückbringt.

In diesem reduktionistischen Szenario gibt es keine Frauen und Männer, sondern nur Schwänze und Löcher. Durch Reduktion auf eine in drastisch abgebildeten Körperteilen übertriebene Geschlechtsrollenidentität hält Pornographie künstlich aufrecht, was Louise Kaplan als »perverse Strategie« bezeichnet hat.[64] Die perverse Strategie liegt Kaplan zufolge in der Überbesetzung der in der frühen Kindheit vorgestellten starren Geschlechtsrollenidentitäten; diese Überbesetzung erfolgt, weil sich aus der Perspektive des Kindes nur so die Möglichkeit ergibt, sich zu den mächtigen großen Anderen, die unbewußt entweder als das Eine oder das Andere identifiziert werden, in ein Verhältnis zu setzen. Ich möchte daran erinnern, daß bis hierher sowohl meine als auch Kaplans Beschreibung der Pornographie sich ausschließlich auf das heterosexuelle Szenario bezieht, das sich an einen männlichen Konsumenten wendet. Und da es hier um die Unmöglichkeit eines Zusammenkommens von Männern und Frauen als erwachsenen und ganzen Selbst geht, ist die Analyse der heterosexuellen Mainstream-Pornographie politisch entscheidend.

Diese Analyse ist von einer noch ausstehenden Analyse lesbischer oder schwuler Pornographie zu unterscheiden. Stellt eine Lesbe die phallische Instanz, wie sie der Pornographie in ihrer reduktionistischen Form eingeschrieben ist, nach, so kann das politische Implikationen haben, die über das nachgestellte Szenario hinausgehen.[65] Wichtig ist dabei, im Auge zu behalten, daß es einen Unterschied zwischen dem Phantasma der Lesbe, wie es in der Mainstream-Pornoindustrie und in Hollywood inszeniert wird, und der Sexualität gibt, wie sie im lesbischen Porno dargestellt wird. Die Verführung der Lesbe in der heterosexuellen phantasmatischen Struktur kommt in dem Film *Basic Instinct* anschaulich zum Ausdruck. In diesem Film wird die Figur einer Frau, der »ihre Sexualität gehört«, als jemand dargestellt, die sich der männlichen Bestimmung ihrer selbst als Objekt des Begehrens entzogen hat. Die von Sharon Stone gespielte Rolle stellt das männliche Phantasma einer Frau dar, die sich den Phallus angeeignet und trotzdem mit Männern Geschlechtsverkehr hat. Weil ihr Begehren sich letzten Endes nicht auf Männer, sondern auf Frauen richtet, entzieht sie sich dem Objektstatus und spielt auf dem Feld der Heterosexualität zu ihren eigenen Bedingungen. Sie »fickt Männer«. Die frohe Botschaft für die Männer ist, daß sie, gerade weil sie sich den Phallus angeeignet hat und deswegen die Handlungsinstanz der Sexualität ist, der »Fick des Jahrhunderts« ist. Die schlechte Nachricht ist, daß sie mit einem Eispickel »fickt« und, obwohl der Mann kommt, wird er sterben.

Was es für Lesben bedeutet, sich in Literatur, in Filmen, in ihren Phantasien mit dieser anderen Figur der Lesbe auseinanderzusetzen, kann nicht auf das heterosexuelle Szenario der Pornographie, so wie wir es bei MacKinnon finden, reduziert werden. MacKinnon zufolge ahmt lesbischer Sado-Masochismus die Rolle, die

Frauen in der heterosexuellen Mainstream-Pornographie zugewiesen wird, einfach nach. Ich glaube hingegen, daß die Figur der Lesbierin als derjenigen, die nicht länger Objekt männlicher Sexualität ist, sondern das Subjekt ihres eigenen Begehrens, die tiefe Furcht und gleichzeitig die Sehnsucht nach einer Frau repräsentiert, die die sexuelle Handlungsfähigkeit hat, nach einer Frau, »die den Phallus hat«. Der ganze Zusammenhang lesbischer Pornographie ist jedoch zu komplex, als daß ich ihn im Kontext des Szenarios der Mainstream-Pornographie analysieren könnte.

Auch Catharine MacKinnon als heterosexuelle Frau sollte nicht einfach festschreiben, was lesbische Pornographie »ist«. Es scheint klar zu sein, daß sie je nach Hersteller, Regisseur und den in die Produktion einbezogenen *Script Writern* etwas sehr Verschiedenes sein kann. MacKinnon schließt die Möglichkeit lesbischer Pornographie, die ihre angeblich materialistische Definition von Weiblichkeit nicht bestätigt, aus. Für MacKinnon kann lesbische Pornographie nur eine Kopie der Frau als phallische Ergänzung des Mannes sein, weil das allgemeiner gesprochen alles ist, was eine Frau sein kann. Ich stimme mit MacKinnon absolut nicht überein, wenn sie schreibt, daß »die Verteidigung des lesbischen Sado-Masochismus die Möglichkeit aller Frauen, sich in Sicherheit auf der Straße zu bewegen, der Freiheit opfern würde, eine Frau in der Privatheit ihres Kellers zu foltern«. Dies ist MacKinnons phantasmatische Konstruktion der Lesbierin. Die weibliche Figur in *Basic Instinct* verlockt Männer, weil sie innerhalb des heterosexuellen Szenarios mit der phallischen

Mutter identifiziert wird, die sich ohne Männer befriedigen kann, weil sie als phallisch phantasiert wird. Sie wird begehrt, weil sie gefürchtet wird.

Was also ist das Fazit meiner Erläuterungen? In jeder raffinierten Erklärung eines Phantasmas müssen wir uns darüber klar sein, daß das Phantasma nicht Objekt des Begehrens ist, sondern ein Szenario, an dem das Subjekt teilnimmt. Im Phantasma kann keinem Subjekt eine feste Position zugeordnet werden. Die phantasmatische Struktur der Pornographie macht es dem Subjekt möglich, an jeder der etablierten Positionen teilzunehmen. Das erklärt, warum es für starke Männer möglich ist, im Phantasma die Position des beherrschten Anderen einzunehmen, genauso wie es für Frauen möglich ist, sich selbst in der Position der phallischen Instanz vorzustellen, sich als jemanden vorzustellen, der »zurückfickt«. Es erklärt die Möglichkeit der Umkehrung. Ich habe aber auch dargelegt, daß das die Pornographie beherrschende Szenario erstarrt ist. In diesem Szenario gibt es zwei Positionen: der Schwanz als imaginierter Phallus in der Position der Handlungsfähigkeit und des Behauptens; die Frau als beherrschter, zerstückelter Körper, die auf ein blutendes Loch reduziert wird. Die Starrheit des Szenarios und seine Verbindung zum Todestrieb erklärt, warum die Umkehr der Positionen nicht zur Spaltung des setzenden Selbst führen kann. Das erstarrte Szenario der Heterosexualität in seiner Verbindung mit dem Todestrieb erklärt, warum so etwas wie »wahre« Heterosexualität, in der sich Männer und Frauen in einer sexuellen Begegnung treffen können, so selten gelingt.[66] Für Louise Kaplan ist die Starrheit des Szenarios ausschlaggebend, um Positionen, die die heterosexuelle Mainstream-Pornographie für befreiend halten – wie etwa Ann Snitow, die noch in der aggressiven heterosexuellen Pornographie einen aufbrechenden Faktor ausmacht –, zu kritisieren. Kaplan sieht darin nichts anderes als eine Wiederbesetzung der »perversen Strategie«.[67] Die heterosexuelle Mainstream-Pornographie bietet keine befreiende, aufbrechende Sicht der Gesellschaft, weil sie auf die Darstellung starrer Geschlechtsrollen angewiesen ist. Es ist möglich, sich mit entgegengesetzten Geschlechtsrollen, wie sie im pornographischen Szenario gezeigt werden, zu identifizieren; trotzdem sind diese Positionen selbst durch starre Geschlechtsrollen etabliert. Die Verkehrung männlicher Rollen oder überschreitende Identifizierungen sind in der dargestellten Szene nicht angemessen. Die Figur der weiblichen Domina etwa als das begehrte Andere der phallischen Handlungsfähigkeit unterminiert keinesfalls die Bestimmung des Phallus als Figur geschlechtlicher Handlungsfähigkeit schlechthin. Gibt es eine Darstellung des Phantasmas der Domina, die mehr wäre als die unbewußte Bestätigung der Gleichsetzung des Phallus mit der sexuellen Handlungsfähigkeit? Ich glaube, daß es in der expliziten Darstellung der Herstellung des Phantasmas der Domina eine Gleichsetzung geben kann.

Das beste Beispiel für das Phantasma der Domina ist Ona Zees *Learning the Ropes*. Der Film konfrontiert uns mit ritualisiertem Sado-Masochismus, der im Feminismus endlos kritisiert worden ist.[68] Meiner Analyse zufolge hat das pornographische Phantasma keine direkte Beziehung zum sogenannten »wirklichen Leben«, selbst wenn dieses Szenario von tief unbewußten Phantasmen darüber, wie Geschlecht und Geschlechtsrolle erzeugt werden, nicht getrennt werden kann. Im ritualisierten Sado-Masochismus ist die Stilisierung Teil der Darstellung, die ganz in der Kontrolle des Phantasmatikers bleibt. In MacKinnons Verständnis von Pornographie geht die Allgegenwärtigkeit des Sado-Masochismus über die ritualisierte Aufführung einer bestimmten Form von Sex hinaus. Er wird zur Wahrheit des heterosexuellen Geschlechtsverkehrs. In Ona Zees Film hingegen wird das wirkliche Paar explizit von der phantasmatischen Aufführung einer bestimmten Form des Geschlechtsverkehrs getrennt.

So wird in Ona Zees *Learning the Ropes* die Domina nicht als »wirklich« dargestellt. Vielmehr wird dargestellt, wie sie sich selbst durch ihren eigenen Auftritt produziert. Das Phantasma des ritualisierten Sado-Masochismus wird von der »wirklichen« Ona getrennt. Im Namen der Erziehung schlüpfen Ona und ihr Ehemann Frank in ihre Rollen und damit in das sadomasochistische Ritual hinein, und sie verlassen diese Rollen auch wieder. Der Film besteht auf der Trennung zwischen dem pornographischen Phantasma und dem »wirklichen« Leben von Ona und Frank. Die Trennung von Auftritt und wirklichem Leben ist in der Darstellung des »Wie« der sado-masochistischen Inszenierung mitdargestellt. Es ist nicht bloß die Verkehrung von Ona Zees die phallische Instanz repräsentierender Position als Domina, die bewirkt, daß *Learning the Ropes* den gängigen Realismus der Hardcore-Pornos unterläuft. Es ist eher die Darstellung der Domina als Inszenierung, die den Realismus des Szenarios zersetzt. Die Ironie von *Learning the Ropes* liegt darin, daß wir sehen, wie die Darstellung einer ritualisierten sado-masochistischen Aufführung hergestellt wird, und das Phantasma erkennen, das sie steuert. Paradoxerweise wird während der Darstellung des erstarrten Szenarios das Szenario dadurch aufgetaut, daß es als Ritual dargestellt wird. Die Darstellung taut das Szenario auf, weil die Realität als kodierte sichtbar wird.

Für Lacanianer indiziert ironischerweise gerade die »wahre«, drastische Darstellung des Geschlechtsverkehrs in der Pornographie die Unmöglichkeit der sexuellen Beziehung. Wesentlich für die Verführung der Pornographie ist die Suche nach etwas, das man nicht erreichen kann.[69] Diese psychoanalytische Erklärung der Unmöglichkeit einer wahren sexuellen Begegnung hängt allerdings daran, daß Lacan einer transzendentalen Semantik, die ich systematisch zurückgewiesen habe, verhaftet bleibt.[70] Der Phallus kommt nur durch eine Interpretation, die an einer mit der Bedeutung des Patriarchats untrennbar verknüpften Signifikantenkette hängt, in seine privilegierte Position. Diese hinwiederum hält das Phantasma, daß der Phallus die Kontinuität der symbolischen Ordnung hervorbringt, künstlich hoch.[71] Was jedoch gelesen worden ist, kann immer wieder gelesen werden. Die Bedeutungsverschiebung in Lacans Erkenntnis, daß das Männliche und das Weibliche nur Signifikanten sind und nur als solche verstanden werden können, kann die von ihm beschriebene Hierarchie der Geschlechtsrollen potentiell demontieren. So gibt es selbst dort, wo die Hierarchie der Geschlechtsrollen in ihrer drastischsten Form zu funktionieren scheint, im pornographischen Szenario nämlich, die Möglichkeit, dieses Szenario durch Bedeutungsverschiebung und durch die dramatische Konfrontation mit der Herstellung des Szenarios zu öffnen.

Anhand von Ona Zees *Learning the Ropes* ist deutlich geworden, daß weibliche Pornographen die Produktion der Pornographie in Szene setzen und dadurch ihre sogenannte Realität in Frage stellen. Zwei weitere Beispiele sollen erwähnt werden. Das erste ist Candida Royalles *True Story In the Life of Annie Sprinkle*.[72] Das zweite ist ein weiterer von Ona Zee produzierter Film, in dem sie selbst spielt. Im ersten »Porno«[73] fangen ein Mann und eine Frau an, miteinander zu schlafen, während im Hintergrund ein heterosexueller Mainstream-Porno läuft. Der Mann wird zunehmend von dem auf dem Bildschirm vorbeiflimmernden Geschlechtsverkehr abgelenkt. Er ahmt den dort dargestellten Sex nach. Das Spiegeln der Sexualität, das häufig außerhalb des pornographischen Szenarios als die Inszenierung einer wirklichen männlichen *persona* aufgeführt wird, wird hier nochmals gespiegelt. Wir sehen, wie eine Frau einem Mann beim Anschauen eines Pornos zusieht. Die Frau, unzufrieden damit, daß ihr Liebhaber nicht mit »ihr« schläft und sie in ein Szenario gestellt wird, in dem sie auf ein phantasmatisches Objekt auf dem Bildschirm reduziert wird, wirft ihn raus. Daraufhin verleiht sie ihrer Hoffnungslosigkeit Ausdruck, jemals eine »wirkliche« sexuelle Begegnung zu haben. In diesem Moment erscheint ihr eigenes phantasmatisches Objekt, ein Geist. Dieser ist von dem üblichen Pornodarsteller meilenweit entfernt. Mit schulterlangem Haar und im Phantasiekostüm des Geistes ahmt er eine dem pornographischen Szenario fremde androgyne Erscheinung nach. Im Laufe des Films gewinnt der imaginierte Geliebte dann langsam ein tieferes Verständnis dafür, wer Annie Sprinkle ist. Der Geschlechtsakt beginnt erst nach einem langen Augenkontakt, den der Geist als den ultimativen Geschlechtsakt beschreibt. Der Film zeigt drastische, explizite Geschlechtsakte unscharf und macht es so unmöglich, den Unterschied zwischen oralem Sex, Küssen und anderen Formen des Leckens und Berührens zu benennen. Der Akt, der einen Film nach anderen Maßstäben zu einem Porno macht, findet statt: das Paar »vollzieht den Geschlechtsakt« .

Für den Zuschauer ist es jedoch aufgrund der verwendeten Technik schwierig, als Voyeur in das Szenario einzusteigen. Das Kino tritt sozusagen in seiner Funktion als Kino auf. Selten nur tritt das Kino in einem traditionellen Mainstream-Porno auf, weil in der Mainstream-Pornographie angeblich die Realität dargestellt wird. Aber sie wird natürlich nie wirklich dargestellt, und das ist MacKinnons fundamentales Mißverständnis. Die Realität ist der Geschlechtsakt, der stattfindet. Das pornographische Phantasma hingegen liegt darin, daß das, was auf dem Video stattfindet, die phantasmatische Struktur des Szenarios auslöschen kann und sich selbst als seine eigene Wahrheit darstellt.

Produziert die Rückwendung der Pornographie auf die ihrer selbst bewußte Darstellung einer filmischen

Anordnung die Anwesenheit des Phantasmas als »Wahrheit« des Sex? In diesem Film schon, und zwar auf verschiedenen Ebenen. Die erste ist die sogenannte Herausforderung, die dadurch eingeleitet wird, daß die Anwesenheit des Kinos offensichtlich gemacht wird. Die zweite liegt darin, daß der Liebhaber selbst ein phantasmatisches Objekt ist. Die dritte Ebene ist die kritische Distanz, die die Frau zu der gegenphantasmatischen Produktion des Pornos behält. Gegen Ende des Geschlechtsaktes – und mit der von der Erfahrung erteilten Lektion, daß eine »wahre« sexuelle Begegnung möglich ist – kehrt der Liebhaber, der hinausgeworfen wurde, wieder. Diesmal ohne das ganze Drum und Dran eines sogenannten Hardcore-Pornoszenarios. Das Szenario ist jetzt vom Phantasma der Frau bestimmt.

Ona Zees *Sex Academy* setzt die Produktion des pornographischen Szenarios wiederum anders in Szene. *Sex Academy* erteilt Lektionen darüber, wie man ein Pornostar wird. Die Produktion dessen, was Frauen zu einem Pornostar macht, wird selbst Teil der Pornographie. Indem wir die Ebenen, die die phantasmatische Szene, die in der Pornographie als wirklich präsentiert wird, auseinanderhalten, gehen wir auf Distanz und erkennen den Unterbau des phantasmatischen Konstruktes, um das es in der Pornographie geht. Pornographinnen, die Herstellerinnen und Regisseurinnen geworden sind, haben die Bedeutung des pornographischen Szenarios wenigstens teilweise verschoben; sie dramatisieren die phantasmatischen Strukturen, die sowohl vorhanden sind als auch gleichzeitig in der Täuschung ausgelöscht werden, daß Geschlechtsverkehr jemals auf einen Satz von Handlungen reduziert werden kann. Herstellerinnen wie Candida Royalle und Ona Zee zersetzen mit anderen Worten das Szenario der Pornographie von innen, so daß ihre Filme nicht mehr »pornographisch« sind. Mehr »Rede« als Antwort auf das traditionelle, heterosexuelle Phantasma ist also möglich. Indem wir die Parameter des pornographischen Szenarios unterlaufen und verschieben, können wir das, was als pornographisch gesehen wird, und vielleicht sogar grundsätzlich die Bedeutung von Pornographie, in unserer Kultur ändern.

Die psychoanalytische Erklärung der Pornographie spricht, kurz gesagt, nicht zum Penis, sondern zum Unbewußten, und sie ist Ausdruck sogenannter Heterosexualität. Daher kann sie nur schwer mit dem Gesetz erreicht werden. Die unbewußte Struktur der Pornographie ist das verbotene Objekt des Begehrens, die phallische Mutter, und dadurch wird die Versuchung der Pornographie immer mit Verbot und Scham in Zusammenhang gebracht. Die Düsternis der pornographischen Welt ist Teil ihrer tiefen Anziehung. Verbanne sie in den Untergrund, und sie wird noch begehrenswerter. Das Gesetz der Pornographie ist, daß man dem Gesetz des unbewußten Phantasmas gehorchen muß und daß dieses Gesetz das Unbewußte beherrschen wird, ganz egal, was das tatsächliche Gesetz der Juristen von uns fordert. Deswegen ist die innere Bedrohung durch Pornographinnen vielleicht letzten Endes verstörender für das Gesetz, das im pornographischen

Mainstream-Szenario ausagiert wird, als jede juristische Regulierung. Wir sollten uns bei der Regulierung von Pornographie nicht auf die Nötigung durch Männer und ihre Phantasmen konzentrieren, sondern darauf, dem weiblichen Imaginären mehr Raum zuzubilligen.

Weil Pornographie sich an starke unbewußte Phantasmen wendet, kann sie als Rede nicht einfach unbeachtet bleiben. Würden wir die behavioristischen Thesen MacKinnons zur Pornographie und zu den »Männerschwänzen« akzeptieren, dann könnte man nicht nur optimistischer hinsichtlich des Erfolges einer direkten juristischen Regulierung sein, als ich es bin, sondern man würde auch akzeptieren, daß Pornographie zweidimensionaler Sex ist. Aber weil Pornographie ein unbewußtes Phantasma »mitteilt«, müssen wir darüber nachdenken, wie die Analyse dieses phantasmatischen Szenarios Regulierungen legitimiert, die Frauen Raum zum Atmen lassen, und gleichzeitig akzeptieren, daß Pornographie »Meinungs- und Redefreiheit« ist.[74] Ohne eine solche Analyse tun wir nichts anderes, als den Körper-Geist-Dualismus, den der Feminismus seit Jahren kritisiert hat, zu unterschreiben. Wir brauchen eine ergiebigere Erklärung für das Zusammenwirken von Körper und Geist in der komplexen Aktivität, die wir Sexualität nennen. Ich habe eine Erklärung der pornographischen phantasmatischen Szene angeboten, die die Konstruktion des Begehrens erklärt und die auch erklärt, warum dieses Szenario durch tiefsitzende Geschlechtsrollenstrukturen erstarrt ist.

Zu sagen, Pornographie sei Rede, adelt sie nicht, weil es, anders gesagt, nicht heißt, daß man sie deswegen für eine hochstehende geistige Aktivität hält. Das Unbehagen, das aus Richter Easterbrooks Anerkennung von Pornographie als Rede sprach – Rede, weil sie eine Fähigkeit zur Kommunikation hat –, ist auf seine Ahnung zurückzuführen, daß es anscheinend überall etwas gibt, zu dem Pornographie spricht.[75] Es ist fast so, als ob Easterbrook erkannt hätte, daß die Kraft der Pornographie in ihrer Kraft zum Anruf, wenn nicht zur Kommunikation gegründet ist. Als Anruf ist Pornographie nicht einfach eine Vorstellung, sondern sie spiegelt in bildlichen Signifikanten unbewußt eine verdrängte phantasmatische Struktur.

Wir sollten den hier verwendeten Begriff der Mindestbedingungen für eine freie Entfaltung der Persönlichkeit zugrunde legen und von ihm ausgehen, um MacKinnons Behauptung »Pornographie sei Diffamierung« in Frage zu stellen. Ein Problem der Einschränkung von Pornographie wird immer bleiben, daß sie die in die Pornographie eingeschriebene Düsterheit und Nachtweltatmosphäre, auf die die Begehrbarkeit von Pornographie gründet, verstärkt. MacKinnon jedoch hält die »Gefahr«, daß eine Einschränkung der Pornographie diese eventuell noch anziehender machen würde, für weniger schwerwiegend als den Schaden, den Pornographie Frauen real zufügt. Wie wir gesehen haben, hängt die Unrechtmäßigkeit von Pornographie für MacKinnon direkt mit dem kausalen Zusammenhang zwischen Pornographie, Vergewaltigung und Gewaltausübung gegen Frauen zusammen.

Zweifellos leben wir in einer Welt, in der uns die Realität von Gewalt gegen Frauen tagtäglich heimsucht. Als Frau, die selbst eine versuchte Vergewaltigung durchgemacht hat, weiß ich, wie schwer es ist, seine körperliche Integrität nach einem solchen Angriff wiederzugewinnen. Falls man tatsächlich zeigen könnte, daß es einen direkten kausalen Zusammenhang zwischen Pornographie und Gewalt gäbe, dann wäre es sicher ein schlagkräftiges Argument dafür, daß wir unter Absehung möglicher anderer Gefahren uns ganz darauf konzentrieren sollten, Pornographie einzuschränken. Könnte man Pornographie die Anstiftung zu körperlicher Gewalt nachweisen, dann würde sie klar die Minimalbedingungen für die freie Entfaltung der Persönlichkeit unterminieren, weil sie dann einen direkten Angriff auf die Integrität des weiblichen Körpers darstellen würde. Solange ein solcher Zusammenhang nicht nachweisbar ist, bleibt hier jedoch ein Problem. Die fehlende Beweiskraft ergibt sich meiner Meinung nach aus der Schwierigkeit, das komplexe Feld des Begehrens in ein Modell zu übersetzen, das erfolgreich einer Kausalitätsanalyse unterzogen werden könnte.[76] Für das Begehren und seine Auswirkungen ist jedoch ein anderer Diskurs erforderlich.

Die Versuchung der Pornographie, die ein tief unbewußtes phantasmatisches Szenario spiegelt und ausdrückt, ist auf der Verdrängung eines phantasmatischen Szenarios gegründet – und führt so zur Allgegenwärtigkeit der Pornographie. In einer von starren Geschlechtsrollen und einer übertriebenen phantasmatischen Männlichkeit – heimgesucht von der Unfähigkeit, die phantasmatische *persona* zu realisieren – strukturierten Welt wäre es kaum verwunderlich, wenn eine lukrative Pornoindustrie mit einer hohen Gewaltrate gegen Frauen zusammenhinge. Dieser Zusammenhang kann jedoch nicht im Sinne von Ursächlichkeit gedacht werden, sondern im Sinne von unbewußten Begrenzungen, die von den Strukturen der Geschlechtsidentitätsrollen, in denen wir unser Leben leben, aufgezwungen wurden. Wir können uns nicht auf sozialwissenschaftliche Studien ohne Beweiskraft berufen, um eine Kausalitätsbeziehung zu beweisen.[77] Im Rahmen der Mindestbedingungen für die freie Entfaltung der Persönlichkeit können wir nicht argumentieren, daß Pornographie signifikant zu einem Angriff auf die Integrität des weiblichen Körpers beiträgt und daß dies allein eine Rechtfertigung für eine ernsthafte Einschränkung ihrer Produktion und ihres Vertriebs wäre. Wir müssen MacKinnons Behauptung, daß Pornographie Diskriminierung ist, jenseits ihrer behavioristischen Annahmen, daß die Botschaft »direkt an den Penis adressiert ist, durch eine Erektion geliefert und an Frauen in der ganzen Welt ausagiert«[78] wird, neu analysieren.

Eines der stärksten Argumente für einen ursächlichen Zusammenhang zwischen Pornographie und Gewalt gegen Frauen liefert Diana Russell, die behauptet, daß Männer tatsächlich eine Veranlagung zu Gewalt und damit zu Vergewaltigung haben. Wie wirkt dann jedoch Pornographie auf Männer mit einer solchen Veranlagung? Laut Russell werden viele Männer allein durch moralische und kulturelle Hemmungen von der Erfüllung ihres durch Veranlagung induzierten Begehrens abgehalten. Genau diese moralischen und kulturellen Hemmungen werden von Pornographie unterminiert. Russells Argument trifft insofern einen Punkt, weil Pornographie tatsächlich eine Rolle bei der Unterminierung von Hemmungen bei Männern spielt, insofern das pornographische Szenario Frauen so darstellt, daß die Männer Gewalt begehen, und Männer in einer Kultur präsentiert, die Gewalt zuläßt. Diese Einsichten müssen jedoch so in ein Kausalitätsmodell übersetzt werden, daß die Frage der Hemmungen in ihrer ganzen Komplexität aufgeworfen wird – eine Frage, die uns zum Begriff des Begehrens zurückführt.

Ist Pornographie ein nötigender Sprechakt?

Bevor ich mich einem juristischen Reformprogramm zuwende, das sowohl mit der Analyse von Pornographie als einem komplexen phantasmatischen Szenario des Begehrens als auch mit dem Argument übereinstimmt, daß wir gleiche Bedingungen für die freie Entfaltung der Persönlichkeit schützen sollten, möchte ich MacKinnons Behauptung, daß Pornographie per se Diskriminierung sei, methodisch schlüssiger formulieren – und zwar im Rahmen der These, daß Pornographie Rede ist. Für MacKinnon, so mein Argument, ist Pornographie ein nötigender Sprechakt. Ein nötigender Sprechakt hat im Hinblick auf die Rechtsprechung zwei Bedeutungen, auf die MacKinnon sich stützt, ohne sich jemals explizit auf sie zu beziehen, sie zu definieren oder sie voneinander zu unterscheiden. Ich möchte zwei juristische Definitionen des nötigenden Sprechakts anbieten, die insofern zusammenhängen, als sie eine Analyse der Macht des Sprechers voraussetzen. Erstens: ein nötigender Sprechakt ist durch das Faktum des Aussprechens an sich schon Diskriminierung. Die Rede bewirkt Diskriminierung. »Keine Bewerbung von schwarzen Männern« auf einem Schild an der Tür eines Arbeitgebers ist ein solches Beispiel. Zweitens: ein Sprechakt, dem wegen des Kontextes der Ungleichheit, in dem er geäußert wird, die Ungleichheit der Beziehungen schon eingeschrieben ist, kann die Botschaft nicht von den Beziehungen abkoppeln. Das klassische Beispiel für die von unserem Gesetz akzeptierte Einschränkung solcher Sprechakte ist eine Antigewerkschaftsrede unmittelbar vor einer Gewerkschaftswahl.[79] Beide Formen nötigender Sprechakte implizieren eine Beziehung zwischen Macht und Worten, zwischen der Macht des Sprechers und der Fähigkeit der Wortbedeutungen, die Botschaft der Ungleichheit durchzusetzen. Das Durchsetzen der Ungleichheit kann von der Macht des Sprechers nicht getrennt werden. Weil Pornographie die Inszenierung einer komplexen phantasmatischen Struktur ist, ist es schwierig, das Konzept nötigender Sprechakte in diesem Kontext zu verorten. Obwohl ich sie letztlich auch in dieser Version zurückweisen werde, können wir durch die vorgenommene Rekonstruktion von MacKinnons Auffassung der Pornographie als einem nötigenden Sprechakt in einer der hier vorgetragenen Bedeutungen dennoch deutlich machen, wo die Bedeutung des Kernargumentes in *Nur Worte* liegt. MacKinnon schreibt:

»Gesellschaftliche Ungleichheit wird geschaffen und durchgesetzt – das geschieht durch Wörter und Bilder. Es gibt keine gesellschaftliche Hierarchie, ohne daß sie in Bedeutungen verkörpert oder in Gesprächen ausgedrückt wurde. Ein Schild, auf dem ›Nur Weiße‹ steht, besteht nur aus Worten, und trotzdem wird es juristisch nicht als Meinungsäußerung aufgefaßt, daß ›wir in diesem Geschäft keine Schwarzen möchten‹, oder als Ableger einer Höflichkeitspolitik, derzufolge Schwarze und Weiße bedient werden müssen, oder als Haßrede (*hate speech*), über deren Einschränkung man in Termini des Ersten Amendments diskutieren müßte. Es wird als die Handlung der Rassentrennung angesehen, die es ist. Rassentrennung kann es nicht geben, ohne daß es jemanden gibt, der irgendwann einmal sagt: ›Verschwinde‹ oder ›Du gehörst hier nicht hin‹. Erhöhung und Erniedrigung geschehen durch bedeutungstragende Symbole und durch Sprachhandlungen, in denen Sagen Tun ist.« [80]

Diese Darstellung von Pornographie als nötigendem Sprechakt führt uns wieder auf MacKinnons behavioristische Voraussetzungen zurück. Pornographie ist demnach nicht Ausdruck von Erfahrung, sie »ersetzt sie«. Nur wenn man annimmt, daß Pornographie Realität ersetzt, kann ihre Botschaft per se als diskriminierend angesehen werden – wie etwa das Beispiel »Nur Weiße«. MacKinnon betont dieses Argument ausdrücklich:

»Um visuelle Pornographie zu machen und um ihren Anforderungen gerecht zu werden, muß die Welt und müssen namentlich Frauen tun, was die Pornographen ›sagen‹ wollen. Pornographie bringt die Bedingungen ihrer Produktion zum Konsumenten: sexuelle Dominanz. Wie es Creel Forman formuliert, ist Unterdrükkung, ›die Sprache eines anderen zu machen‹. Pornographie macht die Welt durch ihre Herstellung und ihren Gebrauch zu einem pornographischen Ort, etabliert, wofür Frauen angeblich da sind, als was sie gesehen werden, wie sie behandelt werden. Sie konstruiert die soziale Realität dessen, was eine Frau ist und was sie hinsichtlich dessen sein kann, was ihr angetan werden kann und was ein Mann hinsichtlich dessen ist, dies zu tun.« [81]

Tritt Pornographie aber wirklich an die Stelle der Realität? Meiner Meinung nach inszeniert sie ein komplexes phantasmatisches Szenario, in dem die Angst und Furcht vor Frauen sich in der Verleugnung ihrer Stärke und der Festschreibung ihrer Unterlegenheit ausdrückt. MacKinnon behauptet, daß Pornographie es für Männer möglich macht zu bekommen, was immer sie haben wollen. Es ist ihre Wahrheit über den Geschlechtsakt. Ich glaube, daß Pornographie nicht das ist, was Männer wollen; es ist das, was sie brauchen, um ihr Phantasma zu nähren, daß es eine Kompensation für ihre ursprüngliche narzißtische Wunde gibt. Diese Angst und Unfähigkeit mancher Männer, mit ihr fertig zu werden, zwingt sie zur Vergewisserung, daß sie in der Position desjenigen sind, der die Macht hat, die Mutter/das Andere zu beherrschen. Es ist die Furcht vor den Frauen, die die Botschaft der Pornographie für Männer erregend macht, weil es ihre Angst, die auch der Grund der Sexualität ist, besänftigt. MacKinnon hält die männliche Perspektive für die Wahrheit und spiegelt damit rhetorisch die pornographische Welt, die sie vorgeblich angreift, wider. Doch können wir MacKinnons These, daß Pornographie in der Realität direkte Diskriminierung bewirken kann, als Grundlage unseres Verständnisses von Pornographie als einem nötigenden Sprechakt zum Zweck der Gesetzgebung annehmen, oder müssen wir sie ablehnen?

Wollen wir behaupten, daß Pornographie unweigerlich zu Diskriminierung führt? Wollen wir ihr die Macht einräumen, uns tatsächlich in dem, was wir wirklich sein können, zu prägen? Sind wir nicht mehr als diese Wunde der Weiblichkeit, als die wir in der Pornographie dargestellt werden? Schwarze sind natürlich auch nicht wirklich das, was sie in weißen Phantasmen sind. Das Schild »Nur Weiße« bringt die tiefe Struktur unbewußter Phantasmen zum Ausdruck, die die Geschichte des Rassismus in den USA kodiert und legitimiert. Trotzdem gibt es einen Unterschied: Pornographie spielt das Szenario der Diskriminierung komplexer aus, als es das Schild »Nur Weiße« an der Tür eines Arbeitgebers tut. Dieses Schild ist Handlung, weil es heißt, daß an diesem Arbeitsplatz keine Schwarzen eingestellt werden. Es ist darüber hinaus entscheidend, wer durch das Schild spricht. Ein Arbeitgeber hat die Macht, Schwarze auszugrenzen, indem er sich weigert, sie zu einem Vorstellungsgespräch einzuladen – ganz zu schweigen davon, sie einzustellen. Wir würden also das Schild an der Tür eines Arbeitgebers und jemanden, der auf der Straße »keine Bewerbung von Weißen« verkündet, auseinanderhalten. Das Faktum, daß es sich um einen Arbeitgeber handelt, ist von der nötigenden Wirkung der Wörter nicht zu trennen. Nötigende Sprechakte implizieren also nicht nur eine den Wörtern zukommende Bedeutung, sie implizieren auch die Fähigkeit, sie in die Tat umzusetzen. Vor dem Hintergrund der Geschichte der Ausgrenzung führt dieses Schild klar die Diskriminierung aus, gegen die Gesetz und Verfassung schützen sollen. Sollte man

Pornographie, die nicht so *direkt* spricht und nicht so direkt sprechen kann, wenn sie erregen will, die Macht einräumen, Diskriminierung zu bewirken, die das Schild »Nur Weiße« allein dadurch hat, daß es auf der Tür eines Arbeitsgebers steht? Die Antwort muß sowohl in eine politische als auch juristische Richtung gehen. Politisch gesehen wollen wir der Pornographie nicht die Macht einräumen, die Frauen dadurch zu unterdrücken, daß sie sich an die Stelle der Wirklichkeit setzt. Damit würden wir eine pornographische Weltsicht unterschreiben, in der das Tun der Männer Frauen in ihrem Ausdruck und in ihrer Suche nach Möglichkeiten, die Anpassung an die augenblickliche Weiblichkeitsdefinition hinter sich zu lassen, wirksam beeinträchtigen kann. Wir sind, schlicht gesagt, nicht ihre Phantasmen. Wir wollen nicht, daß der Gesetzgeber ihre Phantasmen als die Wahrheit unseres »Seins« anerkennt. Pornographie wird mit dem Argument, daß sie Unterordnung allein durch ihre Existenz bewirkt, eine zu große Macht eingeräumt.

Um MacKinnons Argument, daß Pornographie ein nötigender Sprechakt ist, in seiner ganzen Tragweite zu verstehen, müssen wir uns in Erinnerung rufen, wie ernst es ihr damit ist, daß Pornographie Frauen zum Schweigen bringt. MacKinnon zitiert Carol Forman: »Beherrschung heißt, jemand anderes Sprache zu sprechen«, und ich stimme mit ihr darin überein, daß dies ein entscheidender Bestandteil von Beherrschung ist. Auf dieser Grundlage wird es möglich, daß Pornographie das weibliche Imaginäre in seinen traditionellen Äußerungen auslöscht. Das Auslöschen der ausgleichenden weiblichen Stimme ist Teil der im pornographischen Szenario dargestellten Beherrschung. Dieses Szenario, so meine These, prägt das männliche Symbolische im allgemeinen. Die Kampfansage des Feminismus ist von einer Kampfansage an die symbolische Ordnung unabtrennbar. Der Feminismus muß um Wörter ringen, muß seine eigene, der Beschreibung des Geschlechtsaktes adäquate Sprache finden, die jenseits des männlichen Phantasmas liegt.[82]

Bei MacKinnon jedoch bleibt von unserer Subjektivität nichts übrig, was eine Einleitung des feministischen Prozesses der Selbstwerdung ermöglichen würde. Für das weibliche Subjekt ist in MacKinnons Politik des Zum-Schweigen-Bringens absolut kein Raum. Dort sind wir durch die uns aufgeprägten Phantasmen anderer erfolgreich von uns selbst ausgeschlossen. Die gesellschaftliche, symbolische Konstruktion des Weiblichen sollte demgegenüber jedoch als Mangel, als des Kastrierten Anderen, als desjenigen, der im männlichen Symbolischen für sich selbst keinen Ort finden kann, politisch und ethisch so neuinterpretiert werden, daß sie uns eben diesen Raum zur Verfügung stellt – einen Raum, in dem wir uns organisieren und den langen Prozeß der »Selbstwerdung« beginnen können.[83] Wenn wir Pornographie als nötigenden Sprechakt behandeln, räumen wir der pornographischen Realität zu viel Macht ein. Ich glaube im Gegensatz zu MacKinnon nicht, daß Frauen buchstäblich zum Schweigen gebracht werden können. Das Ringen um unsere Wörter, um unsere Glaubwürdigkeit, ist ein schwieriges Unterfangen. Diese Schwierigkeit macht es erforderlich, den psychischen Raum, in dem Frauen ihre eigene Sprache und ihre eigenen kreativen Formen finden, um die Mannigfaltigkeit und den Reichtum unseres »Geschlechts« auszudrücken, achtsam zu schützen. MacKinnons These, daß Pornographie ein nötigender Sprechakt und ein Zum-Schweigen-Bringen von Frauen ist, und ihre Forderung nach Beschneidung von Rechten sind gefährlich. Die Beschneidung kann dazu führen, daß unser Ringen um die Erhaltung des psychischen Raumes für unsere Anstrengung »Worte zu finden, es zu sagen« [84] nicht erleichtert, sondern im Gegenteil erschwert wird.

Als Feministinnen müssen wir uns dagegen verwahren, daß unsere Anstrengungen, für das weibliche Imaginäre eine symbolische Form zu finden, beeinträchtigt werden. Die Übersetzung des weiblichen Imaginären in eine symbolische Form wird niemals abgeschlossen sein. Keiner Frau sollte das Privileg zugestanden werden, daß ihre symbolische Übersetzung die einzig authentische ist. Wir wollen Wettkampf und Ringen, Freude und Feste in unserem Bemühen, eine eigene Sprache zu finden.

Kommen wir nun zur vorgeschlagenen zweiten Definition eines nötigenden Sprechaktes, derzufolge laut MacKinnon Frauen sich in derselben Position der Ungleichheit wie Kinder oder Arbeiter den Männern gegenüber befinden. Dabei werden meiner Meinung nach von MacKinnon sexuelle Darstellungen nach demselben Muster als unterdrückende sexuelle Handlungen angesehen, das dem Mißbrauch im Verhältnis der

Ungleichheit zwischen Kindern und Erwachsenen zugrunde liegt. Wenn man die Darstellungen als Handlungen sieht, wieso sollte dann die Ungleichheit zwischen Erwachsenen eine andere als gegenüber Kindern sein – außer in einer Hinsicht: daß Frauen durch ihre Sexualität definiert sind?[85]

In der Geschichte der Reformgesetzgebung sind Frauen immer wieder mit Kindern verglichen worden; von beiden glaubt man etwa im amerikanischen Arbeitsrecht, daß sie eines besonderen Schutzes bedürften.[86] Auf die politische Gefahr, die in diesem Vergleich liegt, hat Wendy Brown hingewiesen[87]: die identitätsbildende Verletzung könnte durch das Festschreiben im Gesetz gerade implementiert werden. Die Figur der Frau als Kind ist lange die Grundlage einer paternalistischen Haltung Frauen gegenüber gewesen und hat dazu geführt, daß die erwachsene Frau sich selbst als noch nicht ganz ausgewachsen sieht. Dies gehört zur weiblichen Sexualität dazu und hindert Frauen daran, erwachsen zu werden.

Die Sichtweise von Frauen als infantil und/oder behindert war immer Bestandteil der Begründung und Verteidigung der Notwendigkeit, Frauen gesetzlich zu schützen. MacKinnon, als eine der militantesten Vertreterinnen des Gleichberechtigungs-Grundsatzes, hat sich gegen protektionistische Vergleiche immer zur Wehr gesetzt. Sie verstrickt sich jedoch in ihrer Analyse, warum Frauen vor Pornographie geschützt werden müssen, in eben die Rhetorik, die sie im Kontext des Gleichberechtigungs-Amendments ablehnen müßte. Wollen wir Frauen also mit Opfern gleichsetzen, die den Schutz des Staates brauchen? Gegen diese Verdoppelung einer identitätsbildenden Verletzung müssen wir uns wehren. Dies ist genau die Art einer Verstärkung einer identitätsstiftenden Verletzung, der wir versuchen sollten, uns zu widersetzen.

Gerade die Unbestimmtheit der Pornographie macht es schwer, sie zu regulieren. Und obwohl ich MacKinnons Analyse, daß Pornographie ein nötigender Sprechakt in meinem Sinne und als solcher per se diskriminierend sei, nicht teile, bin ich trotzdem nicht der Meinung, daß wir überhaupt keine Regulierung haben sollten. Konkrete Vorschläge sollten sich nicht auf die Macht konzentrieren, die die Pornographie über Männer hat, sondern vielmehr die Bedingungen für die Entfaltung des weiblichen Imaginären sicherstellen.

Pornographie-Zonen

Pornographie schädigt Frauen, weil man ihr im öffentlichen Raum nicht entrinnen kann. Hat man die Wahl, ob man sich Pornographie ansehen will? Jedenfalls nicht, wenn ich meine Wohnung und das West Village in New York verlasse. Ich verweise auf das West Village, weil das West Village bereits die Art von Zonen eingerichtet hat, für die ich mich einsetze. Andernorts kann ich den Bildern, die mein »Geschlecht« entwerten, nicht entkommen. Sie sind überall: im Supermarkt, in dem ich einkaufe, in den öffentlichen Verkehrsmitteln, die ich benutze, und wo immer sonst ich Besorgungen mache. Die Bilder greifen ständig mein Selbstbild und mein Imaginäres an, und ich muß den Prozeß der Wiedererlangung körperlicher Integrität durcharbeiten und durchleben. Sie stellen mein »Geschlecht« als schändlich, als etwas Verachtenswertes dar. Sie stellen meine Selbstachtung als Frau in Frage.

Es ist wichtig zu betonen, daß die *Kombination* von aufgezwungenem Sehen und dessen, was man sieht, den Schaden zufügt. Es ist mit anderen Worten die Allgegenwärtigkeit der Pornographie, ihre öffentliche Darstellung, die ich anzuschauen gezwungen werde und die mir dadurch psychischen Raum verweigert. Weiter oben habe ich diese Allgegenwärtigkeit als Barriere für die Ausbreitung anderer Bilder beschrieben. Durch seine Allgegenwärtigkeit erscheint dieses eine Imaginäre als die einzige Wahrheit des »Geschlechts«.

Aber dieser Anschein beruht ausschließlich darauf, daß dieses eine Imaginäre den öffentlichen Raum beherrscht. In der gewalttätigen Pornographie springt einem der Symbolismus der zerstückelten Frau als ein Körper, dem nicht nur Gewalt angetan werden kann, sondern der existiert, damit ihm Gewalt angetan wird, sofort ins Auge. Er drängt sich meinem Selbstbild als nicht zu verletzendes Individuum und als Individuum, das fähig ist, seine eigene körperliche Integrität zu imaginieren und immer neu zu imaginieren, auf. Jemandem dieses Selbstbild zu nehmen – besonders wenn es sich um ein Selbstbild handelt, das so grundlegend ist wie die körperliche Integrität –, ist eine Verletzung. Wenn man mich dazu zwingt, dabei zuzusehen, wie mein »Geschlecht« zerstückelt wird, dann bin ich schon als Person, deren Unverletzlichkeit respektiert werden muß, in meinem Selbstgefühl verletzt worden. Ich möchte aber noch einmal hervorheben, daß es nicht die bloße Konfrontation mit Bildern an und für sich ist, sondern die unentrinnbare Konfrontation mit diesen in unserem öffentlichen Raum allgegenwärtigen Bildern, die die Verletzung ausmacht.[88]

Das pornographische Szenario wird mir unabhängig von meinem Willen aufgezwungen. Ich bin sozusagen gezwungen, mir Bilder anzusehen, die die »Wahrheit« unseres Geschlechts im männlichen Symbolischen kodieren. Die Bilder beherrschen den öffentlichen Raum aufgrund ihrer männlichen Kodierung, und sie gewinnen so den Anschein, als wären sie schlicht die Wahrheit des Geschlechts und nicht die Kodierung nur eines bestimmten Imaginären.

Man kann der öffentlich ausgestellten Pornographie nicht entrinnen; sie »schlägt mir ins Gesicht«. [89] Ich werde dadurch verletzt, daß ich gezwungen werde, der symbolisch dargestellten Realität ins Auge zu sehen, daß meinem »Geschlecht« Unverletzlichkeit verweigert wird. Unverletzlichkeit, darauf hat Thomas Nagel hingewiesen, ist die Grundlage jeder Rechtsordnung, in der das Individuum das Recht fordert, am Leben zu bleiben. Der Körper ist in diesem ganz grundlegenden Sinne von Anfang an ein juristisches Konstrukt. Wir sind Wesen, die angegriffen oder getötet werden können. Alle Mythen des Gesellschaftsvertrages beginnen mit der grundlegenden Übereinkunft, daß wir uns zusammentun, um uns davor zu schützen, daß wir getötet werden. In der Pornographie werde ich dazu gezwungen, mich als jemanden zu sehen, dessen »Geschlecht« verletzt werden kann, der mißbraucht und sogar getötet werden darf. Ich bin gezwungen zu sehen, was ich nicht sehen will. MacKinnon hat in dem Punkt recht, daß in diesem Kontext der Begriff der Kränkung vollkommen unzureichend ist. Trotzdem sollte eine bestimmte Differenzierung in der Analyse des Schadens, den Pornographie zufügt, gemacht werden. Die traditionelle liberale Unterscheidung, die zuerst von John Stuart Mill[90] vorgenommen wurde und kürzlich von Thomas Nagel[91] wieder aufgenommen wurde, bietet sich dabei an. Sie sieht vor, zwischen einer Kränkung zu unterscheiden, der man ausweichen kann, und einer Kränkung, die einem ins Gesicht schlägt.

An diesem Punkt haben wir das durch seine fehlende

Beweiskraft angreifbare Kausalitätsmodell hinter uns gelassen, weil – so unsere These – durch Pornographie Schaden dadurch zugefügt wird, daß wir uns als zu verletzende Objekte dargestellt finden. Auf die Dimensionen, die mit dem Wort »Verletzung« bezeichnet werden, möchte ich ausführlicher eingehen. Das Argument, daß die Verletzung in der erzwungenen Konfrontation von Bildern von mir selbst, die einen Angriff auf die psychischen Projektionen meines Selbst als unverletzlich darstellen, besteht, führt uns zurück zu den bildlichen Signifikanten, weil das Szenario der Pornographie ein zutiefst unbewußtes Phantasma zur sexuellen Differenz ist. Wenn ich also mit einer Sicht meines Selbst als ein zu verletzendes Selbst konfrontiert werde, dann ist das sowohl ein Übergriff auf meine körperliche Integrität als auch eine Verletzung meiner Person. Wenn mir ein Phantasma meines Körpers unter die Nase gehalten wird, das die imaginäre Projektion meiner körperlichen Identität völlig unterminiert, wird mir in diesem Moment Schaden zugefügt, weil so meine Fähigkeit, mich selbst als jemanden vorzustellen, dessen Mindestbedingungen für die freie Entfaltung der Persönlichkeit gleichberechtigt schutzwürdig sind, unterminiert wird. Rawls zufolge werden damit auch die gesellschaftlichen Bedingungen, die für Selbstachtung notwendig sind, unterminiert. Da diese Bilder oder besser gesagt diese bildlichen Signifikanten zu unbewußten Kräften in uns allen sprechen, können sie selbst dann, wenn sie bewußt abgewehrt werden, nicht einfach ausgestoßen werden. Es ist schwierig einzuschätzen, in welchem Maße genau diese Bilder das weibliche Imaginäre unterminieren, weil wir nie vom aufgezwungenen Sehen dieser Bilder frei waren.[92]

An dieser Stelle nun ist es interessant, sich die Argumente genauer anzuschauen, die eine Einrichtung von Zonen rechtfertigen. Ihr Ziel ist, daß wir nicht mit sexuell expliziten Bildern konfrontiert werden wollen, die das Geschlecht der Frau herabwürdigen oder sie als ein Objekt darstellen, das man vergewaltigen kann. Zonen verhindern Entscheidungen darüber, wessen Imaginäres regieren soll. Ronald Dworkin hat recht mit seiner Behauptung, daß jede Regulierung eine »Wirkung« auf den Inhalt des von ihr regulierten Materials hat.[93] Wenn wir uns für Zonen einsetzen, weil wir der Überzeugung sind, daß pornographisches Material hinter verschlossenen Türen bleiben soll, weil es obszön ist, dann haben wir einen erheblichen Einfluß auf die Einschätzung dieses Materials. Potentiell können wir damit das unterstützen, was Dworkin das »Recht auf moralische Unabhängigkeit« genannt hat und was ich das Recht auf körperliche Integrität und psychischen Raum nennen würde. Wir brauchen Zonen, um wieder zu unterscheiden, was gleichgesetzt worden ist: das weiße, heterosexuelle Imaginäre mit dem sexuellen Imaginären schlechthin. Durch Zonen könnten sich erotische Phantasien ausbreiten, was am Beispiel des West Village deutlich wird, da es hier eine einzigartige Toleranz für neue Vorstellungen von gelebter sexueller Differenz gibt. Diese Zonen lassen Pornographie sicher im Umschlag, um einen Ausdruck von MacKinnon zu benutzen. Bestimmte Bilder bedrängen uns nicht mehr, wenn wir irgendeine Straße entlanglaufen. Ein Videoshop für Erwachsene etwa muß sich genau überlegen, welche Reklameschilder oder Bilder er im Schaufenster präsentiert. Zonen dieser Art gibt es im West Village in New York, wo eine ganze Reihe meistens schwuler Videogeschäfte existieren. *Gay Pleasures* beispielsweise hat in den Schaufenstern, die zur Hudson Street hin liegen, einer belebten Straße des West Village, kein drastisches sexuelles Material ausgestellt. *Harmony*, ein anderer schwuler Videoshop, hat seine Fensterscheiben angestrichen und die Wände mit Herzen und anderen Symbolen bemalt. Die Bewohner dieses Viertels kennen diese Geschäfte, die teilweise nahe an Schulen oder Gemeindehäusern liegen. Ein Kind könnte jedoch an diesen Geschäften vorbeilaufen, ohne mit drastischem sexuellen Material konfrontiert zu werden, und eine Frau könnte an ihnen vorbeigehen, ohne direkt mit einem Körper konfrontiert zu werden, der sie entweder auf das geschlechtliche Stereotyp von jemand anderem reduziert oder, schlimmer noch im Fall aggressiver Pornographie, auf einen zerstückelten Körper.

Das West Village hat eine Art Frieden in der Erkenntnis gefunden, daß die Verbreitung von sexuellen Bildern mit dem Wunsch, ein bestimmtes Imaginäres davon abzuhalten, den öffentlichen Raum zu beherrschen, versöhnt werden kann. In New York City wird im Augenblick eine Gesetzgebung verhandelt, die das konzentrierte Auftreten von Videoshops für Erwachsene zu verhindern sucht.[94] Der Versuch stützt sich auf eine kürzlich gefällte Entscheidung des *State and*

Federal Court, die Zonen als legitimes Mittel zur Regulierung sexuell expliziter Videos für Erwachsene erklärt haben.[95] Dabei geht es um die Konzentration, und nicht um das Vorhandensein von ein oder zwei Geschäften. Im Zusammenhang mit dieser Gesetzgebung wurde ausdrücklich der Wunsch geäußert, daß in der Nähe bestimmter Orte wie Schulen, Gebetsstätten, Gemeindehäuser usw. keine Videoshops für Erwachsene sein sollten. Prostitution und erhöhte Kriminalitätsraten werden als Nebeneffekte angegeben. Diese Nebeneffekte kann es natürlich geben – allerdings im Zusammenhang mit heterosexuellen Mainstream-Videoshops, und weniger mit Videoshops, die schwule Videos für Erwachsene vertreiben.

Es steht außer Frage, daß man ein legitimes Interesse daran haben kann, bestimmten Nebeneffekten, soweit sie sich abzeichnen, vorzubeugen. Die Verbreitung oder völlige Verbannung von Videoshops für Erwachsene aus einigen Stadtvierteln könnte jedoch den Anschein erwecken, als hätte Sex keinen Platz in Schule und Familie. Diese Art der Problemlösung könnte einer selbstgerechten Entrüstung Vorschub leisten, diese Geschäfte seien an und für sich beleidigend.[96] Ich glaube vielmehr, daß dieses Material – selbst wenn es das sexuelle Mainstream-Szenario beschreibt – von den Zuschauern auf viele verschiedene Weisen benutzt werden kann, um Aspekte ihrer Sexualität zu erkunden, die über die starre Inszenierung des Szenarios hinausgehen. Die Einrichtung von Zonen beinhaltet nicht, daß dem Imaginären nur eine Bedeutung beigemessen wird.[97]

Mein Wunsch, die Herrschaft nur einer Form des Imaginären zu unterbinden, kann auch noch in einen anderen Kontext gestellt werden. So bewahrt der Schutz des psychischen Raums nicht vor der bekannten, bei Nagel beschriebenen »Kränkung«, daß man es nämlich einfach nicht aushalten kann, in einer Gesellschaft zu leben, in der auch Homosexuelle leben. Diese Auffassung von »Kränkung« gründet in der Behauptung, es gebe nur ein sexuelles Imaginäres. Umgekehrt rechtfertigen sich Zonen im Namen des Versuches, die Gleichsetzung eines sexuellen Imaginären mit der einen Wahrheit des Geschlechts aufzubrechen, damit wir Raum für diejenigen anderen Formen des Imaginären gewinnen, die in unseren individuellen Psychen und in unserer Gesellschaft bereits am Werke sind.

Ich unterstreiche diesen Punkt aus einem bestimmten Grund. Es gibt Belege dafür, daß Gemeinschaften, die tolerant im Hinblick auf die Auslebung sexueller Differenzen sind und in denen die Verbreitung sexueller Phantasien unterstützt wird, für Frauen sicherer sind. MacKinnon sucht energisch abzustreiten, daß es in Gesellschaften wie Schweden, wo Pornographie erlaubt ist, oder im West Village – in dem es nicht nur viele Videoshops für Erwachsene, sondern auch viele Arten gelebter sexueller Differenz gibt, die in den Straßen vorgeführt, genossen, gefeiert werden – weniger Gewalt gegen Frauen gibt. Das für seine sexuelle Toleranz bekannte West Village ist in den letzten zwei Jahren das zweitsicherste Viertel von New York gewesen. Ja, hier liegt die niedrigste Rate von Gewaltverbrechen gegen Frauen, die niedrigste Vergewaltigungsrate vor, wobei mir natürlich das Argument, daß in diesem Viertel Frauen nicht dringlichstes Objekt des Begehrens sind, durchaus bewußt ist. Meine These wird jedoch auch in einer Studie von Farry Baron unterstützt, die gezeigt hat, daß in Ländern, in denen Antipornographiekampagnen von einem Großteil der Bevölkerung getragen werden, Männer und Frauen am wenigsten gleichberechtigt sind und es verhältnismäßig viele Gewaltverbrechen gibt.[98] In dieser Studie wurde klar, daß Gemeinschaften, die die Verbreitung von sexuellen Phantasien erlauben, eine Umwelt hervorbringen, die tolerant ist und in der die Gewaltbereitschaft abnimmt.

Warum jedoch, so läßt sich hier fragen, konzentriere ich mich gerade auf die Pornographie, wenn es mir generell um den Schutz des imaginären Raumes von Frauen geht, damit die aufreibende Reise auf der Suche nach den Wörtern, es zu sagen, nach einer vielfältigeren Beschreibung des weiblichen »Geschlechtes«, fortgesetzt werden kann? Der Grund dafür ist, daß in keinem anderen Bereich als dem der Pornographie das Recht eine so einschränkende Rolle spielen kann. Das Erste Amendment garantiert den Schutz des imaginären Raumes. Feministinnen brauchen das Erste Amendment, weil die Wahrnehmung ihrer Rede- und Meinungsfreiheit häufig als beleidigend empfunden wird. Im Ersten Amendment werden darüber hinaus unsere künstlerischen, politischen und psychischen Anstrengungen geschützt. Meine Analyse wägt nicht Gleichheitsrechte gegen das Erste Amendment ab, um damit ein zwingendes Staatsinteresse für die Einschränkung der Rede- und Meinungsfreiheit anzuführen. Statt dessen sollte der gleiche Schutz der Mindestbedingungen der freien Entfaltung der Persönlichkeit so ausgelegt werden, daß wir klarer die Bedeutung der Gleichheit erkennen, als es das Erste Amendment nahelegt.

Weil ich kein so starkes Vertrauen in das Recht habe, zögere ich auch, mich auf juristische Maßnahmen zur Kontrolle sexistischer Bilder zu verlassen. Die Art von Zonen, die ich vorschlage, sollen keinen Zwang ausüben; es geht auch nicht darum, Bestimmungen dessen, was beleidigend ist und was nicht, durchzusetzen, sondern darum, den Raum, der durch das Gleichsetzen von sexuellem und politischem Phantasma verschwunden ist, wieder zu öffnen. Es ist ein Unterschied, ob man wie etwa in aggressiver Pornographie mit dem Bild einer Frau konfrontiert wird, der die Brustwarzen abgerissen werden, oder anderen Formen sexistischer Darstellung gegenübergestellt wird. Nicht alle sexistischen Darstellungen unterminieren die weiblichen Selbstentwürfe gleichermaßen stark, weil sie nicht alle die Mindestbedingungen für die freie Entfaltung der Persönlichkeit so grundlegend verletzen. Es geht dabei nicht einfach um eine simple Konfrontation mit Bildern, die mit unserem Imaginären nicht übereinstimmen, sondern um die Darstellung von Personen, die eines gleichen Schutzes gegen Verletzung nicht für wert befunden werden. Angela Carter schreibt dazu:

»Auspeitschen, Schlagen, Stechen, erotische Gewalt rufen die soziale Fiktion der weiblichen Wunde, der blutenden, von ihrer Kastration zurückgelassenen Narbe in Erinnerung – eine psychische Fiktion, die dem Herzen der westlichen Kultur so tief eingeschrieben ist wie der Ödipusmythos, zu dem sie in einer komplexen Vorstellungs- und Wirklichkeitsdialektik steht, die Kultur produziert. Die weibliche Kastration ist ein imaginäres Faktum, das die männliche Haltung zu Frauen und unsere eigene Haltung uns selbst gegenüber durchdringt und die Frauen von Menschen in Kreaturen verwandelt, geboren zu bluten.«[99]

Diese Darstellung ist in der Reduktion dessen, was eine Frau und ihr Geschlecht ausmacht, einmalig. Angela Carter macht klar, daß wir in der Pornographie mit der reduziertesten Fassung dessen, was das Geschlecht einer Frau ist und wie sie im männlichen Imaginären zu einem verwundeten Geschöpf wird – »geboren zu bluten« –, konfrontiert werden. Die Darstellung kann – laut Carter – die Mythen über die Frau als Mythen entlarven. Pornographie, so die ironische These Carters, kann »ein Freund« der Frauen sein, weil sie das männliche Imaginäre in seiner explizitesten Form darstellt und das Märchen von der Frau, die geboren ist zu bluten, in seiner krudesten Form illustriert. Pornographische Bilder, Filme und Erzählungen sind reine Formen sexueller Fiktion – der Fiktion, daß Sex zu haben ist. In dieser Darstellung kann man eine tiefe gesellschaftliche Wahrheit erkennen – nicht über Sexualität, sondern über das Funktionieren von Sexualität im männlichen Imaginären. Mein Plädoyer für die Einrichtung von Zonen ist mit Carters Position, daß ein individueller Zuschauer/eine individuelle Zuschauerin durch Konfrontation mit diesem Szenario im Grunde genommen viel über ihre/seine Sexualität lernen kann, durchaus vereinbar.

Zwischen sexuell explizitem Material und Material, das Frauen »einfach« erniedrigt, indem es sie zu sexuellen Objekten macht, gibt es einen fließenden Übergang. In der Pornographie liegt eine Sichtweise auf Frauen vor, die sie drastisch zu Sexualobjekten degradiert. Aggressive Pornographie ist in ihrer Verleugnung des Anspruches auf körperliche Integrität und Unverletzlichkeit einzigartig, weil der körperlichen Integrität eine imaginäre Dimension zukommt. Im Fall von sexuell explizitem Material, das Frauen als erniedrigt, aber nicht als verletzt, als zerstückelten Körper darstellt, handelt es sich noch immer um die restlose Reduktion einer Frau auf ihr »Geschlecht«, ohne daß auch nur ein Rest von Subjektivität zurückbliebe. Die drastische Darstellung von Frauen in der Pornographie bringt kraß und unumwunden zum Ausdruck, wie wir imaginiert werden. Daneben gibt es genügend Gründe, auch das Material, das nur sexuell explizit, aber nicht gewalttätig ist, nicht zu präsentieren, da bestimmte Wertvorstellungen verletzt werden könnten. Kleine Kinder etwa sollten diesem Material erst ausgesetzt werden, wenn ihre Eltern es für angemessen halten, sie damit zu konfrontieren.

Weil unser Selbstwertgefühl und unsere Selbstkonstitution von der Konstruktion anderer und davon, wie wir von anderen gesehen werden, abhängt, können uns durch die Konfrontation mit bildlichen Signifikanten schwere Verletzungen zugefügt werden. MacKinnon behauptet, daß die sogenannten Postfeministinnen und

Dekonstruktivisten sowohl den performativen Aspekt der Sprache als auch den durch Sprechakte zugefügten, tatsächlichen Schaden verleugnen.[100] Schauen wir uns MacKinnons Kritik genauer an:

»Die elitärste Verneinung des Schadens ist die, daß Pornographie ›Repräsentation‹ sei, wobei Repräsentation als Nicht-Realität gilt. Wirkliche Vergewaltigung ordnet Realität, rituelle Folter rahmt sie ein und präsentiert sie. Macht sie das zu ›Repräsentationen‹ und nicht zu Vergewaltigung und Folter? Ist eine Vergewaltigung eine Repräsentation einer Vergewaltigung, wenn jemand zusieht? Wann sieht der Vergewaltiger *nicht* zu? Fotos zu machen ist Teil des Rituals einiger Varianten mißbrauchender Sexualität, ein Akt des Nehmens, in der der Besitz verwickelt ist. So ist es mit dem Zusehen und späteren Anschauen der Bilder. Die Fotos sind Trophäen; die Fotos zu betrachten ist Fetischismus. Ist nacktes Tanzen eine ›Repräsentation‹ von Erotik, oder ist es Erotik, also eine sexuelle Handlung? Was unterscheidet eine Life-Sex-Show davon? Im Hinblick darauf, was die Männer sexuell tun, unterscheidet sich das Publikum, das eine Gruppenvergewaltigung in einem Film ansieht, nicht von einem Publikum, das sich eine Gruppenvergewaltigung anschaut, die die Gruppenvergewaltigung aus einem Film nachspielt, oder einem Publikum, das irgendeiner Gruppenvergewaltigung zuschaut.«.[101]

Obwohl ich MacKinnons Argument, wie ich es rekonstruiert habe, daß nämlich Pornographie ein nötigender Sprechakt sei, politisch nicht aufgrund von sprachtheoretischen Argumenten ablehne, möchte ich auf diesen Punkt hier noch einmal zurückkommen. Auch hier treffen wir bei MacKinnons Analyse wieder auf Gefahren, auf die ich oben schon hingewiesen habe. Auch hier übernimmt MacKinnons Feminismus den männlichen Standpunkt. Sie mißversteht nicht nur die sogenannte postmoderne Auffassung von Sprache, die philosophisch überhaupt nicht von ihrer eigenen Position abweicht;[102] sie mißversteht auch das »elitäre Argument«, daß Pornographie, weil sie in bildlichen Signifikanten darstellt, nicht Teil der Realität sei. Das »elitäre Argument« besagt nicht, daß Pornographie qua Repräsentation nicht Realität wäre. Pornographie drückt ein Phantasma aus. Phantasmen sind jedoch nicht etwas von der Realität Getrenntes. Sprachphilosophisch kann man so fassen, wie gesellschaftliche Phantasmen funktionieren – insbesondere was die Formation von Geschlechtsidentitäten angeht, die Grundlage unserer symbolischen Ordnung und deswegen unserer Lebensform sind. Jeder Versuch, Sprachspiele oder Lebensformen unabhängig von gesellschaftlichen Phantasmen oder unbewußten Beweggründen zu analysieren, wäre deshalb besonders in dem Bedeutungsfeld, das wir Geschlechtsidentität nennen, unangemessen.[103] Wir können in unserem Selbstbewußtsein, in unserer Realität auch durch Bilder angegriffen werden. Weil das Imaginäre somit ein entscheidender Aspekt der Wirklichkeitskonstitution ist, muß der imaginäre Raum von Frauen geschützt werden. MacKinnon dagegen trennt das Imaginäre von der Wirklichkeit, und sie trennt Sexualität vom Imaginären. Wie man ein Geschlecht annimmt, wie man ein Mann oder eine Frau wird, wie wir versuchen, starre Geschlechtsidentitäten, die uns auferlegt worden sind, in Frage zu stellen, sind Prozesse des Imaginären. Und aus diesem Grund können wir uns nur »befreien«, wenn wir unser Imaginäres befreien.

Meine Idee der Entfesselung des Imaginären schließt eine Affirmation des Imaginären ein, die sich der Lacanschen Beschreibung des männlichen Symbolischen entzieht. Lacan zufolge ist es die Unmöglichkeit einer heterosexuellen Beziehung, die die Männer unaufhörlich zum pornographischen Szenario zurücktreibt, in dem sie Frauen als das Symptom verleugnen und verwerfen. In der Psychoanalyse bezeichnet man das Symptom, das für diese Unmöglichkeit steht, als das Finden einer tiefen und gefürchteten, tatsächlichen oder eingebildeten Wahrheit über sich selbst, die man auf den Anderen oder im Fall der psychosomatischen Krankheit auf den Körper des Anderen projiziert.[104] Lacan zufolge ist die Frau nicht um die phallische Referenz, den Mann, strukturiert. Sie steht für möglichen Verlust, für Differenz, für das Äußere; ihre mythische Konstruktion dient dazu, den Zusammenhang des Systems und einen Referenzpunkt in der Andersheit zu sichern. In der mythischen Konstruktion der Frau artikuliert sich eine Störung der scheinbaren Geschlossenheit, die durch Verwerfung in das System eintritt. Diese Verwerfung ist in der Pornographie drastisch dargestellt, wo die Frau als blutendes Loch, als Unterwürfige, als das Andere, als Kastrierte, kurz als gefürchtete Wahrheit gesehen wird: daß nämlich der Mann den Phallus, auf den er seine Identität so nachdrücklich gegründet hat, nicht hat. Aufgrund der Verdrängung des Körpers der Mutter kann es letzten Endes in der symbolischen Ordnung keine Frau geben. Für »wahre« Lacanianer fallen die Phantasmen in das Loch, das ihre Abwesenheit zurückläßt. Die Frau als Objekt des Begehrens ist das Symptom sowohl für die Sehnsucht des Mannes nach einer ganzen Identität und einer gesicherten Einheitlichkeit als auch für die unbewußte Realisierung des in das Projekt von Anfang an eingebauten Fehlschlages. Dieser Fehlschlag soll uns abschließend in seiner Bedeutung für unser Denken über Sexualität und Pornographie beschäftigen.

MacKinnon geht von einer geschlossenen symbolischen Ordnung aus und macht sich für sie stark – eine symbolische Ordnung, die uns von der Wahrheit der Frau und dem weiblichen Imaginären völlig ausgeschlossen hat. Weil die Frau nicht auf irgendeine ihrer sogenannten Bestimmungen in der Realität reduziert werden kann, können wir das weibliche Imaginäre als das ansehen, was jenseits der Bedeutung liegt, die uns vom Imaginären des heterosexuellen weißen Mannes übergestülpt wird. Nicht alle weißen Männer bestimmen ihre Identität durch den phantasmatischen Bezug auf den Phallus. Lacan kommt in diesem Zusammenhang eine besondere Bedeutung zu, weil er darauf insistiert, daß das Männliche und das Weibliche Signifikanten sind und männliche Identität in ihrer Einheitlichkeit immer fehlschlagen wird, weil sie von dem phantasmatischen Objekt Frau abhängig ist. Die Verleumdung und Verunglimpfung der Frau, die in der Pornographie so lebhaft vor Augen geführt wird, artikuliert eine Spaltung im Mann, die ihm den Zugang zur Wahrheit seines

Phantasmas beharrlich versperrt. Diese Barriere verhindert tragischerweise den zärtlichen Umgang mit dem Anderen, nach dem man sich verzweifelt sehnt. Das Verdrängte kehrt unausweichlich wieder und exponiert die phantasmatische Dimension der »Realität«, durch die wir Männer und Frauen werden.

Pornographie ist nicht, was Männer wollen, sondern Ersatz für den Mangel und die Spaltung der Männer, die die ihnen auferlegte Struktur männlicher Identität besetzen. Nicht männliche Macht, sondern der Mangel an Sicherheit darüber, wer sie eigentlich sind, kommt in Pornographie zur Darstellung. Ich glaube den Feministinnen nicht, die behaupten, daß die in der Pornographie dargestellte Sexualität die Rolle der Macht in sexuellen Beziehungen zu erkunden erlaubt. Pornographie zeugt vielmehr von der Machtlosigkeit des Mannes, der seine Kastrationsangst allein nicht lösen kann. Angela Carter zufolge liegt der progressive Aspekt der Pornographie darin, die subtilen Mythen, wer und was eine Frau in den Augen eines solchen Mannes ist, zu entlarven. Obwohl diese Entlarvung durch einen individuellen Betrachter tatsächlich stattfinden kann, sollten wir dies jedoch nicht als die einzige Interpretation stehenlassen; sie rechtfertigt in jedem Fall nicht, daß man eine Frau in eine Situation zwingt, in der sie sich Pornographie ansehen muß.

Laut MacKinnon ist Pornographie die Wahrheit dessen, was Männer wollen. Wir sehen ihre Macht. Wir sehen ihre Geilheit. Kein Wunder, daß viele Männer sich unbewußt mit MacKinnons Arbeiten identifizieren. Sie glauben sich bei MacKinnon so dargestellt, daß die unausweichliche Spaltung und der Mangel, der die Einheit ihrer Identität bedroht, überwunden werden kann. Für MacKinnon ist die gesellschaftliche Wahrheit der Männer die Wahrheit überhaupt. Sie verkauft uns die männliche Sichtweise – wie Männer reagieren und was sie tun – als Wahrheit des Feminismus. Das beste, was wir mit diesen Geächteten, diesen »bösen« Jungen tun können, ist, sie unter das Gesetz zu zwingen. Dann können sie durch einen Klaps auf die Hand, durch gesetzliche Konditionierung dazu gebracht werden, ihr Verhalten zu ändern.[105] Der Mann ist dabei nichts weiteres als ein Pawlowscher Hund, und nur bei einem solchen Mann kann das Begehren so einfach von einer Reaktion wegkonditioniert werden. Wenn wir die Wahrheit der Pornographie nicht im geilen Mann sehen, sondern im Mann, der von seiner Kastrationsangst verfolgt wird, dann kann diese einfache Konditionierung nicht die Veränderung herbeiführen, die Catharine MacKinnon und Andrea Dworkin im Auge haben.

Warum sollte sich der Feminismus auf Männer konzentrieren? Wir müssen uns kritisch damit auseinandersetzen, wie der Signifikant »Männlichkeit« die Bedeutung bekommen hat, die er heute hat. Das ist jedoch nur ein, nämlich der kritische Aspekt des Feminismus. Es ist kein utopisches Versprechen. Das Versagen des Systems, in sich selbst abgeschlossen zu sein, weil es auf einem Phantasma begründet ist, das sich dem Zugriff des Systems entzieht, d.h. seinen völligen Selbstbezug und deshalb die Garantie seiner Bedeutung verhindert, bedeutet gleichzeitig, daß das weibliche Imaginäre nicht ausgeschlossen werden kann. In meiner Analyse ging es nicht um sozialen Konstruktivismus, sondern um die Konstruktion einer symbolischen Ordnung, die auf Sprache und einer tiefen Phantasmastruktur beruht, die ihr eigenes Terrain niemals sichern kann.

Es ist wahr, daß in unserem Ringen um den Ausdruck unserer Andersheit diejenigen zum Schweigen gebracht worden sind, die als »Frauen« ausgemacht worden sind. Aber dieses Ringen ist möglich, das Ringen findet statt, das Ringen hat schon begonnen, sobald sich eine Frau als Feministin bezeichnet. Der Mangel an Phänomenalität des weiblichen Körpers, den die psychoanalytische Lektüre belegt, macht glauben, daß das Weibliche an den Blick des Anderen verloren ist – was nicht unvermeidlich ist, da das weibliche Imaginäre nicht ausgeschlossen werden kann. Wenn Annie Sprinkle die Bühne betritt, ihre Bluse auszieht, ihre Brüste in Tinte steckt, sie abdruckt und sagt, »das sind keine Titten, sondern etwas anderes«, und wenn sie dann eine Reihe von Namen für dieses Andere erfindet, dann setzt sie sich mit der symbolischen Ordnung und der Fähigkeit, sie einzufangen, sowie der Möglichkeit auseinander, daß Brüste nicht einfach Brüste sind. Während sie den Abdruck, das scheinbare Objekt zeigt, ändert sich seine Bedeutung im Fluß ihres Monologs. Der Unterschied zwischen dem Abdruck ihrer Brüste, der Darstellung und der phantasmatischen Realität wird für die Zuschauer, die einfach nur sehen wollen, daß das, was dargestellt wird, »Titten« sind, deutlich.

Luce Irigaray hat die Schamlippen als die Reimagination und Resymbolisierung des weiblichen Geschlechts, nicht als Ding, als Fotze, sondern als schöne Figur des weiblichen Körpers poetisch evoziert. Sie ist der metonymischen Struktur eines Geschlechtes, das nicht eins ist, eingebunden. Irigaray spielt den Gegensatz zwischen dem phantasmatischen Phallus als »dem einzigen« und den weiblichen Genitalien aus, wenn sie von einem »Geschlecht« spricht, das nicht eins, sondern eine Beziehung ist, ein Berühren, eine Liebkosung. Diejenigen, die Irigarays Evokation des weiblichen Geschlechts als schlichte Beschreibung kritisiert haben, haben ihren komplexen Gebrauch der Metapher völlig mißverstanden. Die weiblichen Genitalien sind so wie dieses Geschlecht, das nicht eins ist und das sich jeder vereinheitlichenden Reduzierung auf ein Ding entzieht; die Evokation der »Realität« dieser weiblichen Genitalien ist eine metonymische Beziehung.

Wenn Sula in Toni Morrisons gleichnamigem Roman Ort und Zeit evoziert, wenn für »eine Frau mit Ruhm im Herzen wenig übrig sein wird«, dann evoziert sie auch das weibliche Imaginäre:

»›Sie werden mich lieben. Es wird etwas Zeit brauchen, aber sie werden mich lieben.‹ Der Klang ihrer Stimme war so weich und so entfernt wie der Blick ihrer Augen. Wenn alle alten Frauen bei den Jungen gelegen haben; wenn alle jungen Mädchen mit ihren alten, betrunkenen Onkeln geschlafen haben; wenn alle schwarzen Männer mit allen weißen gevögelt haben; wenn alle weißen Frauen alle schwarzen küssen; wenn die Wärter alle Insassen vergewaltigt haben, und wenn die Huren mit ihren Großmüttern schlafen; wenn alle Schwulen die Pussies ihrer Mütter gehabt haben; wenn Lindbergh mit Bessie Smith schläft und Norma Shearer es mit Stepin Fetchit macht; wenn alle Hunde alle Katzen gefickt haben und alle Wetterhähne vom Dach ihrer Scheune fliegen, um die Hunde zu besteigen [...] dann wird für mich etwas Liebe übrig sein. Und ich weiß, wie es sich anfühlen wird.« [106]

Ist es einfach da, oder ist das Imaginäre eine Aufforderung, all die primär unbewußten Beziehungen, die wir zwischen Ich und Geschlecht herstellen, zu verrükken? Das Imaginäre als Aufforderung ruft das Jenseits dieses anderen Ortes und dieser anderen Zeit an, indem es die Macht der Metonomie und der Metapher ausdrücklich anerkennt, Identifikationsstrukturen aufzulösen, die uns als geschlechtlich geschaffen haben, und uns in die beschränkten Kategorien einzuordnen, die wir als Mann oder Frau bezeichnen.

Meine Kritik an MacKinnons Bezug auf das männliche Imaginäre als *das* Imaginäre schlechthin richtet sich gegen die ausdrückliche Gleichsetzung von männlichem und geschlechtlichem Imaginären. Diese Gleichsetzung ist philosophisch nicht haltbar. Wir befinden uns schon in Sulas Utopie, die sich uns jedoch bei dem Versuch entzieht, festen Grund unter die Füße zu kriegen, um ein für allemal klarzumachen, was Wirklichkeit ist. Eine Wirklichkeit, die im Sprachgehäuse gebaut ist, kann immer wieder neu konstruiert werden. Schriftstellerinnen und Künstlerinnen sind nicht nur dabei, Sprachgehäuse neu zu konstruieren; sie erneuern auch den Begriff dessen, was es heißt, im Sein unseres »Geschlechtes« zu verweilen. Versteht man unter Sozialkonstruktivismus das Schaffen einer Realität, dann ist er mit der Einsicht unvereinbar, daß Geschlechteridentität an sich ein phantasmatisches Konstrukt ist, das verhindert, daß Geschlechteridentität zu einer gegebenen Wirklichkeit, die alles Bestehende einschlösse, wird.

Das heißt nicht, die Unterdrückung derjenigen unter uns zu bestreiten, die als Frauen bestimmt worden sind – die starre Art und Weise, in der wir als Feministinnen bestimmt worden sind, eingeschlossen. Wir bestreiten, daß das alles ist, was wir sind. Es kann niemals eine Analyse all dessen geben, was wir sind.

»Wir sind die Schaumfrauen – wogend, rollend, stürzend, weiß – und schmutzig – weiß und gelblich, eilend, schwer, fliegend, zerfetzt. Sie liegen am äußersten Rand der Wellen, gerundet, geschüttelt und erschaudernd, mit zitternden Hüften und bebenden Hintern, die von dem steifen, durchbohrenden Wind zu nichts zerstreut werden. Wir sind die Regenfrauen, groß, den Kopf in den Wolken. Ihr Tor ist die Geschwindigkeit der Sturmwinde, rasch und prächtig. Sie sind groß, Anwesenheiten von Wasser und Licht; sie legen die lange Strecke gegen die Dunkelheit des Waldes zurück. Sie bewegen sich gegen Norden, landeinwärts, die Hügel hinauf. Sie dringen widerstandslos in die Hügel ein. Licht in die Dunkelheit, Nebel in den Wald, Regen in die Erde.« [107]

Wir sind die Schaumfrauen, die Regenfrauen und noch viel mehr. Unsere Herkunft und unsere Macht zu verleugnen, uns jenseits der Wunde der Weiblichkeit neu schreiben zu können, heißt, uns durch das männliche Imaginäre unsere Wahrheit aufdrücken zu lassen. Feminismus beginnt mit dem Entzug der Besetzung dieser Wahrheit.

Wenn diejenigen, die nichts mit der pornographischen Industrie zu tun haben, behaupten zu wissen, wer Ona Zee ist, weil sie wissen, daß sie ein Pornostar ist, dann nehmen sie sie nicht wahr, dann mißverstehen sie sie. Dieses Mißverständnis ist für den Feminismus tragisch, weil es bedeutet, die Konfiguration des männlichen Imaginären zu akzeptieren, das uns einmal mehr in unseren Unterschieden und in unserer Vielfältigkeit auslöscht. Ethischer Feminismus beginnt im Gegenteil mit der Anerkennung, daß uns die andere Frau durch die aufgezwungenen imaginären Strukturen, in denen wir qua Weiblichkeit zu leben haben, unbekannt ist. Im Prozeß des Neuschreibens unseres Selbst betreten wir einen neuen psychischen Raum, in dem wir uns selbst anders kennenlernen können und in dem wir andere Frauen als von uns verschieden kennenlernen. Dieser Respekt für die Differenz läßt Differenz nicht zu einer erstarrten, idealisierten Kategorie werden. Er erkennt nur an, daß wir als Frau nicht Eins sind – und ganz besonders nicht eine Frau, die in unserer Kultur als die phantasmatische Figur des blutenden Loches projiziert wird. Es gibt einen Raum für Frauen mit Ruhm im Herzen, solange wir darauf bestehen, daß wir diesen Raum bereits besetzen. Wir müssen diesen Raum für uns schreiben, und er muß es uns erlauben, uns jenseits von Verdinglichung zu definieren und verschieden zu »sein«.

Anmerkungen

Barbara Vinken
Das Gesetz des Begehrens

1 Vgl. für eine typisch liberale Position Nadine Strossen, *Defending Pornography. Free Speech, Sex and the Fight for Women's Rights*, im Druck.
2 Catharine MacKinnon, *Nur Worte*, Frankfurt/M. 1994.
3 Vgl. Jeffrey Toobin, »X-Rated«, in: *The New Yorker*, 3. Oktober 1994, S. 70-79.
4 Vgl. zu diesem Punkt der Auseinandersetzung mit MacKinnon auch Judith Butler, »Burning Acts«, in: *Deconstruction:Is/In America*, hg. v. Anselm Haverkamp, New York 1994.
5 Vgl. Moustafa Safouan, *La Sexualité féminine*, Paris 1976.
6 Vgl. für eine Rekonstruktion von Lacan, derzufolge man den Phallus, der die Reduktion von Differenz zu einer Instanz der sichtbaren Wahrnehmung anzeigt, als Fetisch par excellence definieren könnte, Jacqueline Rose, »Introduction«, in: *Jacques Lacan and the Ecole Freudienne*, New York 1982.

Drucilla Cornell
Die Versuchung der Pornographie

1 Siehe Drucilla Cornell, »What is Ethical Feminism?«, in: *Feminist Contentions: A Philosophical Exchange*, New York 1994.
2 Siehe Bonnie Bullogh, *Woman and Prostitution: A Social History*, Buffalo, New York 1987.
3 Siehe Jack Blocker Jr., *Retreat from Reform: The Prohibition Movement in the United States, 1890-1913*, Westport, Connecticut 1976.
4 Siehe Marion Meade, *The Life and Times of Victoria Woodhall*, New York 1976.
5 Siehe Emma Goldmann, *Anarchism & Other Essays*, mit einer Einführung von Richard Drinnon, New York 1969.
6 Siehe Dorothy und Carl Schneider, *U.S. Woman in the Workplace*, Santa Barbara, California 1993.

7 Folgende Ausführungen gehen auf ein Interview mit Ona Zee vom 22. März 1994 zurück, das im Besitz der Autorin ist.

8 Siehe »Where Do We Stand on Pornography«, in: *Ms. Magazine*, Bd. 4, Nr. 4 (Januar/Februar 1994), S. 32-45. Norma Ramos zum Beispiel hält Bestrebungen, die Pornoindustrie zu reformieren, für grundsätzlich verfehlt, weil diese, wie sie es formuliert, »mit sexueller Sklaverei verknüpft« sei. Nach Ansicht von Ramos kann es folglich nur darum gehen, dieser Sklaverei ein Ende zu setzen. In meinen Augen kommt es uns, die außerhalb der Pornoindustrie stehen, aber nicht zu, hier einfach von Sklaverei zu sprechen. Der entscheidende Unterschied liegt darin, daß Pornodarsteller bezahlt werden. Ona Zee z.B. betont in dem von mir geführten Interview, daß die materielle Seite dafür ausschlaggebend ist, die Pornodarsteller zu halten. Traditionelle Sklaverei zeichnete sich eben dadurch aus, daß man verkauft wurde und so den Status eines Lohnempfängers verlor. In der Pornobranche sind die Darsteller nicht nur Lohnempfänger, sie verdienen sogar Geld in einem Ausmaß, das Frauen in anderen Lebensbereichen nur schwerlich verdienen können. Hier liegt der entscheidende Unterschied. Allerdings gründet Ona Zees eigenes gewerkschaftliches Engagement in der Tatsache, daß diese scheinbar hohen Geldsummen nicht die Vorteile von gewerkschaftlicher Organisation und Selbstverwaltung bringen (vgl. das von mir geführte Interview mit Ona Zee).

Obwohl diese Arbeit im Unterschied zur Sklaverei bezahlt wird, gibt es also gute Gründe für eine Selbstorganisation, so etwa die Tatsache, daß Organisation den besten Schutz vor Mißhandlungen am Arbeitsplatz bietet. Außerdem gibt es Vorteile, die daraus resultieren, daß die Beschäftigten selber die Regeln des Arbeitsmarktes festlegen, etwa hinsichtlich der Vorstellungen von sicheren Arbeitsbedingungen. Daß Außenstehende die in der Pornoindustrie beschäftigten Frauen als Sklaven bezeichnen, ist grundsätzlich falsch, wenn diese Frauen sich selbst organisiert haben und für Selbstbestimmung eintreten.

9 Siehe Nancy F. Cott, *The Grounding of American Feminism*, New Haven 1987.

10 In den USA im Jahre 1993 erschienen, in Deutschland und anderen europäischen Ländern ein Jahr später.

11 Ich stimme hier mit Richter Douglas überein. In seiner Kritik an *Miller v. California*, 413 U.S. 15, 24 (1973), stellt er Richtlinien im Rahmen des *obscenity law* auf und weist auf das Problem hin,

etwas so Wichtiges wie Sexualität nach Kriterien beurteilen zu wollen, die von gesellschaftlichen oder konventionellen Normen abgeleitet worden sind.

12 Siehe Drucilla Cornell, »Pragmatism, Recollective Imagination and Transformative Legal Interpretation«, in: *Transformations*, New York 1993, S. 23-44.

13 Siehe Wendy Brown, »The Mirror of Pornography«, in: *Wounded Politics: Essays on Power and Freedom in Late Modernity*, Princeton 1994.

14 Zu erinnern ist in diesem Zusammenhang an die Für-sich-Terminologie bei Hegel und Marx, die zwischen einem Sein unterscheidet, das an sich immanent ist, und einem solchen, das für sich transzendent und selbstbestimmt ist. Nach Marx war die Arbeiterklasse an sich, bis sie ihr Potential zur Selbstbestimmung und zum Subjekt der Geschichte erkannte. Im Hinblick auf die Frauen verlangt die Wandlung vom An-sich- zum Für-sich-Sein genaugenommen, gegen die uns aufgezwungene Beschränkung des An-sich-Seins anzugehen, die sich geradezu als Kennzeichen des Weiblichen festgesetzt hat. Indem wir – aus der Erkenntnis um die Begrenztheit jeder Bestimmung des Weiblichen und der darin gründenden Gefangenheit unserer Leben – diese Bestimmung bekämpfen, bewegen wir uns auf ein Für-sich zu. Traditionellerweise gilt der Kampf der Arbeiterbewegung um gewerkschaftliche Organisation als Kennzeichen dieses Eröffnungskampfes des Für-sich-Werdens. Der Prozeß der Wandlung vom An-sich- zum Für-sich-Sein setzt aber in jedem Fall Selbstorganisation und Selbstbestimmung voraus. Man erreicht das Für-sich-Sein als Individuum, Klasse oder Gruppe nicht, indem man andere bestimmen läßt und sich mit einem Austausch des Etiketts begnügt. Per Definition setzt das Für-sich-Werden einen Prozeß der Selbstbestimmung voraus.

15 Siehe Lynn Hunt (Hg.), *Die Erfindung der Pornographie*, Frankfurt/M. 1994.

16 Siehe Catharine MacKinnon, *Nur Worte*, Frankfurt/M. 1994.

17 Ebd., S. 62-64.

18 In ihrer Biographie nahm Linda Lovelace dies für sich in Anspruch. Siehe Linda Lovelace und Michael McGrady, *Ordeal*, New York 1980.

19 Siehe *United States Attorney General's Commission on Pornography, U.S. Department of Justice final reports*, 2 Bde., Washington D.C. Juli 1986, 1:793.

20 Siehe Lisa Katzmann, »The Women of Porn: They're not in it for the Moneyshot«, in: *The Village Voice*, 24. August 1993, S. 31.

21 Dieser Punkt wird in der erweiterten amerikanischen Ausgabe des vorliegenden Bandes, der 1995 bei Routledge in New York erschien, genauer ausgeführt.

22 MacKinnon, *Nur Worte*, S. 19.

23 Ebd., S. 31.

24 Siehe Brown, *Wounded Politics: Essays on Power and Freedom in Late Modernity.*

25 Das Erste Amendment ist in den Vereinigten Staaten herkömmlicherweise als eine Forderung interpretiert worden, jeder Eingriff in die Redefreiheit habe inhaltlich unparteiisch zu sein. Der Grundgedanke war sicherlich, daß ein wirksames Erstes Amendment auch die anstößigsten Äußerungen schützen müsse, um die Redefreiheit zu garantieren. In den letzten Jahren haben mehrere Grundgesetz-Kommentatoren angeführt, daß es dem Ersten Amendment natürlich unmöglich sei, tatsächlich inhaltlich neutral zu bleiben, und daß konkrete Rechtsfolgen aus Debatten um das Erste Amendment immer eine Abwägung voraussetzen. Siehe Stanley Fish, *There's No Such Thing as Free Speech and It's a Good Thing Anyway*, New York 1993, und das Buch von Steve Schifrin.

Ein anderer Kritiker, Cass Sunstein, schlägt einen sogenannten »New Deal« für das Erste Amendment vor. Ihm zufolge sollten sorgfältig festgelegte, hierarchisierte Kriterien eine Prüfung ermöglichen, ob bestimmte Ausdrucksformen den politischen Werten einer bürgerlich-republikanischen Gesinnung nicht mehr oder weniger unvereinbar gegenüberstehen. Wie ich später darlegen werde, bin ich sehr viel skeptischer als Sunstein bezüglich der Frage, ob Pornographie einer Untersuchung unterzogen werden sollte, die ihre Zensur ermöglichen würde. Die Pornographie berührt das Erste Amendment nämlich nur am Rand – zumindest vom Gesichtspunkt von Sunsteins bürgerlich-republikanischer Gesinnung aus. Wie ich in diesem Buch mehrfach dargelegt habe, ist die Sexualität viel zu grundlegend für unsere Vorstellung von Individualität und Persönlichkeit, um einfach am Rande einer unserer zentralen politischen Fragen abgehandelt werden zu können. Folglich widerspreche ich – auch meiner eigenen früheren Darlegung, in der ich den Gedanken Sunsteins näher stand, daß Pornographie als Randbereich wichtiger Probleme zu betrachten sei – und bin nicht mehr bereit zu akzep-

tieren, daß Pornographie unter dem Aspekt der Rede- und Meinungsfreiheit zu behandeln sei.
Statt dessen möchte ich, obwohl meine eigenen Ausführungen nicht in erster Linie auf die Bedeutung des Ersten Amendments für die Pornographie zielen, darauf hinweisen, daß der Schutz des Imaginären möglicherweise einen entscheidenden Ansatzpunkt bietet, über den Gleichheitswert des Ersten Amendments selbst nachzudenken. Obwohl ich eine Art Interessensabwägung verfechte, ist diese Abwägung doch in Übereinstimmung zu denken mit der phänomenologischen Symmetrie, die ich für uns alle als unerläßlich erachte, um als Individuen an Sunsteins bürgerlicher Republik oder an jedweder Art demokratischer oder überhaupt politischer Ordnung teilhaben zu können, die ihre Bürger als gleich anerkennt. Folglich wäre nicht einfach abzuwägen zwischen dem Ersten Amendment und einem gleichartigen Schutz der Grundbedingungen der Persönlichkeitsentfaltung. Statt dessen wäre das Gleichheitsgebot in seiner ganzen Bedeutung (im Sinne der von mir genannten Minimalvoraussetzungen für eine Persönlichkeitsentfaltung) für das Erste Amendment selbst in Rechnung zu stellen.

26 MacKinnon macht es sich mit dem Versuch, sich von der *Canadian Ordinance* zu distanzieren, die einst auch sie als Sieg für die Frauen gefeiert hat, zu einfach. MacKinnon legt dar, Dworkin und sie würden weder für eine Anwendung des Strafgesetzbuchs gegen Pornographen plädieren, noch die Einfuhr von entsprechenden Büchern gesetzlich unterbinden wollen. In der *Canadian Ordinance* geht es um den Gebrauch einer Sprache der Herabsetzung, die auch gegen schwule und lesbische Literatur angewandt werden kann. Und eben dies hat MacKinnon in einer ersten Stellungnahme zur Entscheidung des kanadischen *Supreme Court* begeistert aufgenommen. Siehe die Debatte zwischen Floyd Abrams und Catharine MacKinnon in »The First Amendment Under Fire from the Left«, moderiert von Anthony Lewis, in: *The New York Magazine*, 13. März 1994, sec. 6, S. 41. Wie wir sehen werden, liegt gerade in der Unbestimmtheit dessen, was als explizit sexuelles Material einzuordnen ist, eine Gefahr, die verbunden mit dem Wort Herabsetzung zur Unterdrückung von feministischer, lesbischer und anderer Literatur führt. Ich versuche, die Probleme in MacKinnons Definition von Pornographie zu umgehen, indem ich sehr deutlich darlege, was ich mit sexuell explizit meine, und indem ich versuche, das

Negative in der Pornographie unabhängig von MacKinnons Konzept der Herabsetzung zu definieren.

27 MacKinnon, *Nur Worte*, S. 23.

28 Im lesbischen Kontext benutze ich »Pornographie« hier ausschließlich im Sinne der herkömmlichen Definition als explizite Darstellung von Geschlechtsorganen und sexuellen Praktiken und Akten.

29 MacKinnon, *Nur Worte*, S. 24.

30 Siehe Andrea Dworkin und Catharine MacKinnon, *Pornography & Civil Rights: A New Way for Women's Equality*, 1988, S. 36.

31 Siehe Robin Morian-Millers *Strip Tease* (Mai 1992, Westbeth Theatre Center unter der Leitung von Don Egan).

32 MacKinnon and Dworkin, *Pornography and Civil Rights*, S. 38-39.

33 Ebd.

34 Siehe z. B. Bertolt Brechts Äußerungen zum Theater.

35 Siehe die Debatte zwischen MacKinnon und Floyd Abrams in »The First Amendment Under Fire from the Left«, S. 41.

36 Ebd., S. 43.

37 Katzmann, »The Women of Porn«, S. 31.

38 MacKinnon, *Nur Worte*, S. 22f.

39 Ebd., S. 23.

40 Ebd.

41 Katzmann, »The Women of Porn«, S. 31.

42 Ein Beispiel für einen »Vertrag über Sex-Darstellungen«.

43 Der folgende Abschnitt geht auf das Interview mit Ona Zee vom 22. März 1994 zurück, das im Besitz der Autorin ist.

44 Cott, *The Grounding of American Feminism.*

45 Siehe Jacques Lacan, *Feminine Sexuality: Jacques Lacan and the Ecole Freudienne*, hg. von Juliet Mitchell und Jacqueline Rose, New York 1985.

46 Interview mit Ona Zee vom 22. März 1994.

47 Siehe Drucilla Cornell »A Defense of Prostitutes' Self Organization«, in: *Cardozo Women's Law Journal*, Bd. 1, Nr. 1, 1993.

48 Interview mit Ona Zee vom 22. März 1994.

49 Siehe Linda Lovelace and Michael McGrady, *Ordeal.*

50 MacKinnon, *Nur Worte*, S. 67f.

51 Wenn ich die pathologisierende Ausgrenzung anspreche, die in Title-VII-Fällen stattfindet, stütze ich mich nicht nur auf einschlägige Berichte und Studien, die über die Auswirkungen auf

die Klägerinnen und Kläger in Zivilrechtsprozessen gemacht worden sind. Ich selber bin in zwei Fällen Klägerin in einem Title-VII-Fall gewesen. Das erste Mal 1973, als ich in einer organisierten Frauengruppe *Antex Industries* wegen systematischer geschlechtlicher Diskriminierung bei der Vergabe von Arbeitsplätzen klagte. Das eigentliche taktische Ziel der Aktion war, die in dieser Fabrik beschäftigten Frauen zu organisieren. Keine von uns konnte in diesem Fall zur Verantwortung gezogen werden, da wir, wohl um die Konsequenz wissend, daß eine von uns als Anführerin oder Unruhestifterin hätte herausgegriffen werden können, dafür sorgten, daß dies nicht passierte. Wir benutzten die Rechtsklage als ein Mittel, um die Aufmerksamkeit auf die Tatsache der spezifischen Diskriminierung in der Arbeitswelt zu lenken, unter der wir alle zu leiden hatten. Diese Erfahrung war für mich grundsätzlich verschieden von der, die ich annähernd zehn Jahre später zu erleiden hatte, als ich von der Universität von Pennsylvania flog. Damals durchlebte ich genau das, was MacKinnon »pathologisierende Ausgrenzung« benannt hat, das Gefühl, stigmatisiert zu sein, als Aussätzige behandelt zu werden. Es mußte ja etwas mit mir nicht in Ordnung sein, wenn man mir die Professur verweigerte. Meine Erfahrungen als – im übrigen verhältnismäßig privilegierte – Zivilklägerin bestätigen die oben zitierten Studien. Anfänglich wurde mein Fall von der *Coalition for Universities in the Public Interest* gedeckt, doch diese Organisation machte zwei Monate später bankrott. Ich konnte meinen Anwalt nicht mehr regelmäßig bezahlen, und für die nächsten sechs Monate nahm ein Kollege, der in Reaktion auf meinen Rausschmiß ebenfalls die University of Pennsylvania verlassen hatte, es auf sich, meine Rechte zu vertreten. Sein Name war Gary Francione, der zusammen mit Alan Watson die University of Pennsylvania verlassen hatte, um gegen meinen Fall zu protestieren. Mein Anwalt wurde erst wieder einen Monat vor Prozeßende zugezogen. Obwohl hier die im ersten Fall gegebene Solidarität fehlte, bin ich natürlich auch in diesem Fall nicht mit meinem Rechtsanliegen allein gelassen worden: Zwei weiße Männer waren wegen der Verweigerung meiner Berufung zurückgetreten.

So stand genaugenommen in meinem Verfahren nicht nur meine, sondern auch ihre Glaubwürdigkeit zur Debatte. Ich habe keinerlei Zweifel daran, daß dies für die Universität den Ausschlag gab, einen Vergleich anzustreben. Ich habe diese beiden Erlebnisse angeführt, um den entscheidenden Unterschied aufzuzeigen zwischen der Erfahrung eines Klägers in einem Zivilrechtsprozeß, der sich in einer Situation systematischer Solidarität und Unterstützung befindet, und einer solchen Situation, in der man ganz auf das Gesetz als Freund und Beschützer angewiesen ist.

52 MacKinnon, *Nur Worte*, S. 17.

53 Ebd., S. 21f.

54 Ebd., *Nur Worte*, S. 17. Bei aller Achtung für Aristoteles verwerfe ich seine Dichotomie von Denken und Sexualität. Die hier fortgeschriebene Trennung von Geist und Körper ist, wie ich meine, in den letzten fünfzig – wenn nicht hundert – Jahren philosophischen Diskurses vollständig unterhöhlt worden. Siehe grundsätzlich Drucilla Cornell, *Beyond Accommodation*, New York 1991. (Hier erarbeitet Cornell die Idee der sozialen Anpassung, die in dem vorliegenden Text zum Tragen kommt, Anm. d.Ü.)

55 Ebd.

56 Siehe Frederick Schauer, *Free Speech: A Philosophic Inquiry*, Cambridge, U.K. 1982, S. 182.

57 Wendy Brown, *The Mirror of Pornography.*

58 Siehe Sigmund Freud, *Drei Abhandlungen zur Sexualtheorie*, Frankfurt/M. 1972.

59 Siehe die Antwort von Ronald Dworkin auf die Entgegnung von Catharine MacKinnon zu seiner Rezension von *Only Words* in *The New York Review of Books*, 3. März 1994, Bd. 151, Nr. 5, S. 48-49.

60 Siehe Sigmund Freud, *Drei Abhandlungen zur Sexualtheorie.*

61 Siehe Slavoj Zizek, *The Sublime Object of Ideology*, London 1989.

62 Eine vorzügliche Erklärung dafür, daß, wie Lacan sagt, die explizite Darstellung einer heterosexuellen Beziehung zwangsläufig zum Scheitern verurteilt ist, liegt uns mit dem Band von Marquis de Sade, *Juliette,* vor.

63 Zur Diskussion über die Beziehung zwischen dem Materialismus des 18. Jahrhunderts und Pornographie siehe Margaret C. Jacob, »Die materialistische Welt der Pornographie«, in: *Die Erfindung der Pornographie.*

64 Siehe Louise Kaplan, *Female Perversions*, New York 1991, S. 9.

65 Siehe Judith Butler, »Der lesbische Phallus«, in: dies., *Körper von Gewicht*, Berlin 1995.

66 Siehe Catharine MacKinnon, *Feminism Unmodified: Discourse on Life and Law*, Cambridge, USA 1987, S. 149.

67 Kaplan, *Female Perversions*, S. 343.

68 *Learning the Ropes* ist ein Film der *Ona Zee Productions* aus dem Jahr 1993.

69 Siehe Zizek, *The Sublime Objekt of Ideology*, S. 168-173.

70 Siehe Drucilla Cornell, *Beyond Accomodation*, New York.

71 Siehe Judith Butler, »Sich mit dem Realen anlegen«, in: dies., *Körper von Gewicht*, S. 187-222.

72 Siehe Candida Royalles *In The Life of Annie Sprinkle, Femme Productions* 1992.

73 Ich setzte »Porno« hier in Anführungsstriche, weil Candida Royalles Film nach der von mir gegebenen Definition eben nicht in diese Kategorie fällt.

74 Siehe Stanley Fish, *There's No Such Thing As Free Speech and It's A Good Thing Too*, New York. Im Grunde stimme ich mit Fish in der Einschätzung überein, daß die Analyse des Ersten Amendments nicht vorangetrieben werden kann mit dem Versuch, Einverständnis darüber zu erzielen, was unter Rede zu zählen ist.

75 Siehe *American Booksellers v. Hudmut*, 771 F 2D. at 328 – 329.

76 Siehe M. McMagnus (Hg.), *Final Report of the Attorney General's Committees on Pornography* (1986) oder *Pornography and Prostitution in Canada: Report of the Special Committees on Pornography and Prostitution* (1985).

77 Wir müssen uns klarmachen, worin genau der Schaden von Pornographie liegt, vgl. dazu Diana Russell, »Pornography and Rape: A Causal Model«, in: *Making Violence Sexy: Feminist Views on Pornography*, hg. von Diana Russell, New York 1993, S. 120-150. Diana Russell bringt eines der stärksten Argumente für einen direkten Zusammenhang von Pornographie und Gewalt gegen Frauen vor. Untersuchungen belegen, so die Autorin, daß Männer eine Neigung zur Vergewaltigung haben. Wenn man diese Untersuchungen für glaubwürdig hält, liegt es nahe, darüber nachzudenken, welchen Einfluß Pornographie auf die ohnehin für Gewalttätigkeit und Vergewaltigung anfälligen Männer ausüben kann. Die Studien, in denen nachgewiesen wird, daß Männer eine Neigung haben, Frauen zu vergewaltigen, lassen auch darauf schließen, daß moralische und kulturelle Hemmschwellen viele Männer davon abhalten, dieser Neigung nachzugeben. Nach Russell unterminiert Pornographie diese

moralischen und kulturellen Hemmschwellen. Ich denke, Russell hat hier ein wichtiges Argument dafür vorgebracht, daß Pornographie unter Umständen eine wichtige Rolle beim Abbau männlicher Hemmschwellen zukommt, da dort gezeigt wird, daß Frauen Gewalt wollen, und zudem eine Kultur vorgeführt wird, in der männliche Gewalt erlaubt ist. Das Problem besteht darin, eine Reihe komplexer Untersuchungen mit anderen in Beziehung zu setzen. Trotzdem bin ich der Meinung, daß Pornographie dazu beiträgt, männliche Hemmschwellen abzubauen. Es scheint aber noch schwierig, diesen Einfluß sauber in ein Modell von Ursache und Wirkung zu überführen, weil eben die Hemmschwellen selber in all ihrer Komplexität untersucht werden müssen – eine Untersuchung, die wiederum notwendigerweise einen Begriff des Begehrens voraussetzt.

78 MacKinnon, *Nur Worte*, S. 23.

79 Siehe *NLRB v. Gissel packing Co.*, 395 U.S. 575 (1969).

80 MacKinnon, *Nur Worte,* eigene Übersetzung aus dem Original S. 31.

81 Ebd., S. 26, leicht verändert.

82 Siehe Drucilla Cornell, »What is Ethical Feminism?«

83 Siehe Drucilla Cornell, *Beyond Accommodation.* Dort ist meiner Auffassung nach Raum für ein entscheidendes Moment, das ich bei MacKinnon vermisse: Hier bewegen sich die »Unterdrückten« vom An-sich, das nach MacKinnons Analyse die Frau als Sexobjekt darstellt, zum Für-sich, wo wir beginnen, uns aus dieser Fremdbestimmung zu befreien.

84 Siehe Marie Cardinal, *Words to Say It*, 1984.

85 MacKinnon, *Nur Worte,* S. 35.

86 Louis D. Brandeis, *Brief for Defendant In Error*, Nr. 107, *Muller v. Oregon*, 208 U.S. 412 (1907).

87 Siehe Brown, *Wounded Politics: Essays on Power and Freedom in Late Modernity.*

88 Siehe Marcia Pally, *Sex & Sensibility: Reflections on Forbidden Mirrors and the Will to Censor*, New Jersey 1994. Ich möchte herausstellen, daß ich nicht behaupte, Bilder könnten an und für sich eine Beleidigung darstellen. Erst die Vorherrschaft dieser Bilder in der Öffentlichkeit bewirkt ihr Gewaltpotential. Somit wird meine Analyse nicht Opfer der in *Sex and Sensibility* geäußerten Kritik.

89 Siehe Thomas Nagel, *Partiality and Equality, Princeton* 1991.

90 Siehe John Stuart Mills, *On Liberty*, New York 1926.

91 Thomas Nagel, *Partiality and Equality.* Nagel setzt sich nicht primär mit Pornographie auseinander, kann jedoch trotzdem zur Unterstützung meiner Position herangezogen werden.

92 Siehe Carol Gilligan, *Die andere Stimme. Lebenskonflikte und Moral der Frauen*, München 1984. In ihrer umfassenden Studie über die Identitätsprobleme von Jugendlichen in Verbindung mit dem Erwachsenwerden weist die Autorin überzeugend nach, daß Bilder, die unsere kulturellen Werte negieren und pervertieren, einen eindeutigen Einfluß auf die Identitätsfindung junger Mädchen haben. Natürlich durchdringen negative Bilder unsere Kultur, die aus der pornographischen Sphäre herüberfluten. Aus meiner Sicht ist es für uns, wenn wir als heranwachsende Mädchen dafür kämpfen, ein angemessenes (und mit uns verbundenes) Körpergefühl herauszubilden, nicht leicht, uns von der uns aufgezwungenen Betrachtung dieser Bilder zu befreien. Weil Identität unumgänglich in Selbstentwürfen gründet, greifen wir zwangsläufig zu den Bildern unserer Kultur, um unsere Selbstentwürfe auszufüllen. Daher kann der Prozeß der Selbstfindung durch die erzwungene Betrachtung der allgegenwärtigen Bilder in einem ganz grundsätzlichen Sinne gestört werden, wenn hier bestimmte Codes vorherrschen, die die weibliche Geschlechtlichkeit herabsetzen.

94 Siehe Nick Ravo, »Zoning Out Sex-Oriented Buisiness«, in: *The New York Times*, 6. März 1994, sec. 10, S. 1.

95 Siehe z. B. *FW/PBS. Inc. v. City of Dallas, 493 U.S. 215* (1990).

96 Insofern stimme ich Ronald Dworkin zu, daß jede Regelung eine Auswirkung auf den Inhalt dessen hat, was sie regulieren soll. Wenn wir uns der Idee von Pornographie-Zonen anschließen, unterscheiden wir das, was Dworkin »das Recht auf moralische Unabhängigkeit« nennt – was ich das Recht auf eigene körperliche und psychische Realität nennen würde.

97 Siehe Susan Evita Keller, »Viewing and Doing: Complicating Pornography's Meaning«, in: *The Georgetown Law Journal*, Bd. 81, Nr. 6, 1993. Selbst sich in stereotypen Wiederholungen erschöpfende Pornographie kann, da sie eine erfundene Szene aufführt, beim Betrachter einen Übertragungseffekt hinsichtlich der Bedeutung auslösen. Daher eignet sich auch heterosexuelle pornographische Durchschnittsware für verschiedenste Interpretationen, die abhängig davon sind, auf welche Weise sich der Betrachter/die Betrachterin jeweils auf sie einläßt und welchen bestimmten Aspekt seiner/ihrer Sexualität er oder sie zu erfor-

schen sucht. Daß Pornographie offen für solch eine Reinterpretation ist, hebt indessen meine Behauptung, es handele sich um eine Handlung, nicht auf. Marktanalysen, die die Grundlage für den Charakter der produzierten Pornographie bilden, zeigen auf, daß von einer Mehrzahl der Konsumenten sehr wohl eine Handlung verlangt wird. Diejenigen, die Pornographie vertreiben, kommen den Wünschen und Bedürfnissen von vielen der Betrachter entgegen. Denn die Tatsache, daß eine Szene dargestellt wird, und weil es sich dabei um eine erfundene Szene handelt, ermöglicht nicht nur wechselnde Identifikationen innerhalb der Szene, sondern auch ihre Reinterpretation – je nachdem auf welche Art und Weise man unbewußt von dem Dargestellten angesprochen wird. Unter diesem Aspekt stimme ich mit der Einschätzung von Sally Tisdale (*Talk Dirty To Me*, Berlin Herbst 1995) überein, daß Frauen sich durchaus auf Hardcore-Pornographie einlassen können und unter Umständen so etwas über ihre Persönlichkeit erfahren, dem sie sich stellen zu müssen glauben, um ihre Sexualität voll ausleben zu können.

98 Siehe Larry Baron, »Pornography and Gender Equality: An Empirical Analysis«, in: *Journal of Sex Research*, Bd. 27, Nr. 3, 1990.

99 Siehe Angela Carter, *The Sadeian Woman and the Ideology of Pornography*, New York 1978, S. 23.

100 Ganz grundsätzlich bei MacKinnon, *Nur Worte*.

101 MacKinnon, *Nur Worte*, S. 28f.

102 Ironischerweise ist hier Jacques Derrida der beste Verbündete, der behauptet, daß die Trennung von konnotativen und performativen Sprechakten nicht funktioniert, Realität also immer durch die performative Kraft von Rede und Sprache geschaffen wird. Vgl. Jacques Derrida, *Die Stimme und das Phänomen*, Frankfurt/M. 1980.

103 Siehe Drucilla Cornell, »What is Ethical Feminism?«

104 Siehe Joyce McDougall, *Theatres of the Body: A Psychoanalytic Approach to Psychosomatic Illness*, New York 1989.

105 Siehe Mandy Merke, *Perversions*, New York 1993.

106 Toni Morrison, *Sula*, New York 1973, S. 145-146, eigene Übersetzung, Anm. d.Ü.

107 Siehe Ursula Le Guin, *Searoad: Chronicles of Klatsand*, New York 1991.

Literatur von Frauen
im Suhrkamp Taschenbuch Verlag

Elizabeth von Arnim: Vater. Roman. Aus dem Englischen von Anna Marie von Welck. Neuübersetzung. it 1544
– Verzauberter April. Roman. Aus dem Englischen von Adelheid Dormagen. Mit Fotos aus dem gleichnamigen Film. it 1538 und Großdruck. it 2346

Jane Austen: Die Abtei von Northanger. Aus dem Englischen von Margarete Rauchenberger. Mit Illustrationen von Hugh Thomson. it 931
– Anne Elliot. Aus dem Englischen von Margarete Rauchenberger. Mit Illustrationen von Hugh Thomson. it 1062
– Die großen Romane. Mit den Illustrationen von Hugh Thomson. Sieben Bände in Kassette. insel taschenbücher
– Emma. Aus dem Englischen von Charlotte Gräfin von Klinckowstroem. Mit Illustrationen von Hugh Thomson. it 511 und it 1631
– Lady Susan. Ein Roman in Briefen. Aus dem Englischen von Angelika Beck. Mit zwei Romanfragmenten: Die Watsons. Sanditon. Aus dem Englischen von Elizabeth Gilbert. it 1192
– Lady Susan. Ein Roman in Briefen. Aus dem Englischen von Angelika Beck. Großdruck. it 2331
– Mansfield Park. Aus dem Englischen von Angelika Beck. Mit Illustrationen von Hugh Thomson. it 1503
– Stolz und Vorurteil. Aus dem Englischen von Margarete Rauchenberger. Mit Illustrationen von Hugh Thomson und mit einem Essay von Norbert Kohl. it 787
– Verstand und Gefühl. Roman. Aus dem Englischen von Angelika Beck. Mit Illustrationen von Hugh Thomson. it 1615

Ingeborg Bachmann: Malina. Roman. st 641 und st 2346

Emmy Ball-Hennings: Gefängnis. st 1936

Djuna Barnes: Nachtgewächs. Roman. Deutsch von Wolfgang Hildesheimer. Mit einer Einleitung von T.S. Eliot. st 2195
– Ryder. Aus dem Amerikanischen von Henriette Beese. Mit elf Zeichnungen der Autorin. st 1638

Sylvia Beach: Shakespeare and Company. Ein Buchladen in Paris. Aus dem Amerikanischen von Lilly v. Sauter. st 823

Maria Beig: Hochzeitslose. Roman. Mit einem Nachwort von Martin Walser. st 1163
– Rabenkrächzen. Eine Chronik aus Oberschwaben. Roman. Mit einem Nachwort von Martin Walser. st 911
– Die Törichten. Roman. st 2219
– Urgroßelternzeit. Erzählungen. st 1383

Marija Belkina: Die letzten Jahre der Marina Zwetajewa. Aus dem Russischen von Schamma Schahadat und Dorothea Trottenberg. st 2213

110/2/7.95

Literatur von Frauen im Suhrkamp Taschenbuch Verlag

Charlotte Beradt: Das Dritte Reich des Traums. Mit einem Nachwort von Reinhart Koselleck. st 2321

Ulla Berkéwicz: Adam. st 1664

– Engel sind schwarz und weiß. Roman. st 2296

– Josef stirbt. Erzählung. st 1125

– Maria, Maria. Drei Erzählungen. st 1809

– Michel, sag ich. st 1530

Tania Blixen: Moderne Ehe und andere Betrachtungen. Aus dem Dänischen von Walter Boehlich. Mit einem Nachwort von Hanns Grössel. st 1971

Carmen Boullosa: Sie sind Kühe, wir sind Schweine. Roman. Aus dem Spanischen von Erna Pfeiffer. es 1866

– Die Wundertäterin. Roman. Aus dem Spanischen von Susanne Lange. es 1974

Karin Boye: Kallocain. Utopischer Roman. Aus dem Schwedischen von Hermine Clemens. st 2260

Briefe von Frauen über Krieg und Nationalismus. Aus dem Slowenischen von Marina Einspieler, aus dem Serbokroatischen von Barbara Antkowiak, Angela Richter und Mechthild Schäfer. Mit einem Beitrag von Duŝka Periŝeć-Osti. es 1811

Die Briefe von Goethes Mutter. Gesammelt und herausgegeben von Albert Körner. Mit einem Nachwort von Karl Riha. it 1550

Anne Brontë: Agnes Grey. Aus dem Englischen von Elisabeth von Arx. it 1093

– Die Herrin von Wildfell Hall. Roman. Aus dem Englischen neu übersetzt von Angelika Beck. it 1547

Charlotte Brontë: Erzählungen aus Angria. Aus dem Englischen von Michael Walter und Jörg Drews. it 1285

– Jane Eyre. Eine Autobiographie. Aus dem Englischen von Helmut Kossodo. Mit einem Essay und einer Bibliographie herausgegeben von Norbert Kohl. it 813 und st 2342

– Der Professor. Aus dem Englischen von Gottfried Röckelein. it 1354

– Shirley. Aus dem Englischen von Johannes Reiher und Horst Wolf. it 1145

– Über die Liebe. Herausgegeben von Elsemarie Maletzke. Übertragen von Eva Groepler und Hans J. Schütz. it 1249

– Villette. Roman. Aus dem Englischen von Christiane Agricola. it 1447

Emily Brontë: Die Sturmhöhe. Aus dem Englischen von Grete Rambach. it 141, it 1633 und Großdruck. it 2348

110/3/7.95

Literatur von Frauen im Suhrkamp Taschenbuch Verlag

Die Schwestern Brontë. Leben und Werk in Texten und Bildern. Herausgegeben von Elsemarie Maletzke und Christel Schütz. it 814

Judith Butler: Das Unbehagen der Geschlechter. Aus dem Amerikanischen von Kathrina Menke. es 1722

Antonia S. Byatt: Besessen. Roman. Aus dem Englischen von Melanie Walz. st 2376

– Die Verwandlung des Schmetterlings. (Morpho Eugenia). Roman. Aus dem Englischen von Melanie Walz. st 2503

Leonora Carrington: Unten. Aus dem Französischen von Edmund Jacoby. st 2343

Colette: Diese Freuden. Aus dem Französischen von Maria Dessauer. st 2154

Sigrid Damm: Cornelia Goethe. it 1452

Ruth Dinesen: Nelly Sachs. Eine Biographie. Aus dem Dänischen von Gabriele Gerecke. st 2270

Esther Dischereit: Joëmis Tisch. Eine jüdische Geschichte. es 1492

Tove Ditlevsen: Sucht. Erinnerungen. Aus dem Dänischen von Erna Plett in Zusammenarbeit mit Else Kjaer. st 2342

Ulrike Draesner: gedächtnisschleifen. Gedichte. es 1948

Annette von Droste-Hülshoff: Sämtliche Erzählungen. Herausgegeben von Manfred Häckel. it 1521

Marguerite Duras: Blaue Augen schwarzes Haar. Aus dem Französischen von Maria Dessauer. st 1681

– Eden Cinéma. Aus dem Französischen von Ruth Henry. es 1443

– Emily L. Roman. Aus dem Französischen von Maria Dessauer. st 1808

– Ganze Tage in den Bäumen. Erzählung. Deutsch von Elisabeth Schneider. st 1157

– Heiße Küste. Roman. Aus dem Französischen von Georg Goyert. st 1581

– Hiroshima mon amour. Filmnovelle. Deutsch von Walter Maria Guggenheimer. st 112 und st 2533

– Im Park. Roman. Aus dem Französischen von Andrea Spingler. st 1938

– Im Sommer abends um halb elf. Roman. Aus dem Französischen von Ilma Rakusa. st 2201

– La Musica Zwei. Theaterstück. Aus dem Französischen von Simon Werle. es 1408

– Liebe. Aus dem Französischen von Barbara Henninges. st 2460

– Der Liebhaber. Aus dem Französischen von Ilma Rakusa. st 1629

110/4/7.95

Literatur von Frauen im Suhrkamp Taschenbuch Verlag

Marguerite Duras: Der Liebhaber aus Nordchina. Roman. Aus dem Französischen von Andrea Spingler. st 2384
– Der Matrose von Gibraltar. Roman. Aus dem Französischen von Maria Dessauer. st 1847
– Moderato cantabile. Roman. Aus dem Französischen von Leonharda Gescher und W. M. Guggenheimer. st 1178
– Das Pferdchen von Tarquinia. Roman. In der Übersetzung von Walter M. Guggenheimer. st 1269
– Ein ruhiges Leben. Roman. Deutsch von W. M. Guggenheimer. st 1210
– Sommer 1980. Aus dem Französischen von Ilma Rakusa. es 1205
– Sommerregen. Aus dem Französischen von Andrea Spingler. st 2284
– Das tägliche Leben. Aus dem Französischen von Ilma Rakusa. es 1508
– Der Tod des jungen englischen Fliegers. Aus dem Französischen von Andrea Spingler. es 1945
– Vera Baxter oder Die Atlantikstrände. Aus dem Französischen von Andrea Spingler. es 1389
– Die Verzückung der Lol V. Stein. Deutsch von Katharina Zimmer. st 1079
– Der Vize-Konsul. Roman. Deutsch von W. M. Guggenheimer. st 1017

Marguerite Duras / Michelle Porte: Die Orte der Marguerite Duras. Aus dem Französischen von Justus F. Wittkop. es 1080

Andrea Dworkin: Eis & Feuer. Roman. Aus dem Amerikanischen von Christel Dormagen. st 2229

Einblicke und Ausbrüche. Lebensskizzen berühmter Frauen. Herausgegeben von Susanne Gretter. st 2347

Ria Endres: Werde, was du bist. Dreizehn literarische Frauenportraits. st 1942 und st 2350

Laura Esquivel: Bittersüße Schokolade. Mexikanischer Roman um Liebe, Kochrezepte und bewährte Hausmittel in monatlichen Fortsetzungen. Aus dem Spanischen von Petra Strien. st 2391 und st 2534

Falsche Helden. Frauen über den Krieg. Herausgegeben von Daniela Gioseffi. st 2507

Cristina Fernández Cubas: Das geschenkte Jahr. Roman. Aus dem Spanischen von Eva Schikorski. es 1549

Penelope Fitzgerald: Frühlingsanfang. Roman. Aus dem Englischen von Christa Krüger. it 1693

110/5/7.95

Literatur von Frauen
im Suhrkamp Taschenbuch Verlag

Marieluise Fleißer: Gesammelte Werke in vier Bänden. Herausgegeben von Günther Rühle. Vier Bände in Kassette. st 2274-2277
– Band 1: Dramen. st 2274
– Band 2: Romane. Erzählende Prosa. Aufsätze. st 2275
– Band 3: Gesammelte Erzählungen. st 2276
– Band 4: Aus dem Nachlaß. st 2277
– Abenteuer aus dem Englischen Garten. Geschichten. Mit einem Nachwort von Günther Rühle. st 925
– Ingolstädter Stücke. st 403
Adelaida García Morales: Die Logik des Vampirs. Roman. Aus dem Spanischen von Anne Sorg-Schumacher. es 1871
– Das Schweigen der Sirenen. Roman. Aus dem Spanischen von Anne Sorg-Schumacher. es 1647
– Der Süden. Bene. Aus dem Spanischen von Anne Sorg-Schumacher und Imme Bergmaier. es 1460
Gedichte berühmter Frauen. Von Hildegard von Bingen bis Ingeborg Bachmann. Herausgegeben von Elisabeth Borchers. it 1790
Lidia Ginsburg: Aufzeichnungen eines Blockade-Menschen. es 1672
Natalia Ginzburg: Caro Michele. Der Roman einer Familie. Aus dem Italienischen von Arianna Giachi. st 853
– Ein Mann und eine Frau. Aus dem Italienischen von Arianna Giachi. st 816
Evelyn Grill: Wilma. Erzählung. es 1890
Undine Gruenter: Epiphanien, abgeblendet. 56 Prosastücke. es 1870
Karoline von Günderode: Gedichte. Herausgegeben von Franz Josef Görtz. it 809
Barbara Hahn: Unter falschem Namen. Von der schwierigen Autorschaft der Frauen. es 1723
Handbuch für Wahnsinnsfrauen. Herausgegeben von Luise F. Pusch. st 2308
Lioba Happel: Grüne Nachmittage. Gedichte. es 1570
– Ein Hut wie Saturn. Erzählung. st 2217
Shulamith Hareven: Stadt vieler Tage. Saras Jerusalem. Aus dem Hebräischen von Ruth Achlama. st 2505
Kerstin Hensel: Im Schlauch. Erzählung. es 1815
Lisbet Hiide: Frau mit Schnabel. Erzählungen. Aus dem Norwegischen von Ursel Möhle. es 1668
Ricarda Huch: Der Fall Deruga. Kriminalroman. it 1416
– Der letzte Sommer. Eine Erzählung in Briefen. Großdruck. it 2315
Anna Maria Jokl: Die Perlmutterfarbe. Ein Kinderroman für fast alle Leute. st 2412

110/6/7.95

Literatur von Frauen im Suhrkamp Taschenbuch Verlag

Lídia Jorge: Die Küste des Raunens. Roman. Aus dem Portugiesischen von Karin von Schweder-Schreiner. st 2469

– Nachricht von der anderen Seite der Straße. Roman. Aus dem Portugiesischen von Karin von Schweder-Schreiner. st 2149

Marie Luise Kaschnitz: Beschreibung eines Dorfes. Fotografien von Michael Grünwald. it 665

– Eisbären. Erzählungen. it 4

– Elf Liebesgeschichten. Ausgewählt von Elisabeth Borchers. Großdruck. it 2306

– Elissa. Roman. it 1694

– Ferngespräche. Erzählungen. it 1422

– Liebe beginnt. Roman. it 1603

– Liebesgeschichten. Ausgewählt und mit einem Nachwort versehen von Elisabeth Borchers. st 1292

– Menschen und Dinge 1945. Zwölf Essays. Mit einem Nachwort von Karl Krolow. it 1710

– Orte. Aufzeichnungen. it 1321

– Orte und Menschen. Aufzeichnungen. Mit einem Nachwort von Marcel Reich-Ranicki. it 1361

– Steht noch dahin. it 1729

– Tage, Tage, Jahre. Aufzeichnungen. it 1453

– Zwischen Immer und Nie. Gestalten und Themen der Dichtung. Mit einem Nachwort von Hans Bender. it 1527

Kaschnitz Lesebuch. Herausgegeben von Elisabeth Borchers. it 1792

Bettina Klix: Sehen Sprechen Gehen. Prosa. es 1566

Gertrud Koch: Die Einstellung ist die Einstellung. Visuelle Konstruktionen jüdischer Geschichte. es 1674

Barbara Köhler: Deutsches Roulette. Gedichte. es 1642

Cordula Koepcke: Lou Andreas-Salomé. Leben. Persönlichkeit. Werk. Eine Biographie. it 905

Hanna Krall: Schneller als der liebe Gott. Mit einem Vorwort von Willy Brandt. Aus dem Polnischen übersetzt von Klaus Staemmler. es 1023

Ursula Krechel: Mit dem Körper des Vaters spielen. Essays. es 1716

Maruŝa Krese-Weidner: Gestern, Heute, Morgen. Gedichte. Aus dem Slowenischen von Fabjan Hafner. es 1703

Julia Kristeva: Mächte des Grauens. Ein Versuch über den Abscheu. Aus dem Französischen von Xenia Rajewski. es 1684

Sabine Küchler: In meinem letzten Leben war ich die Callas. es 1799

Monique Lange: Edith Piaf. Die Geschichte der Piaf. Ihr Leben in Texten und Bildern. Aus dem Französischen von Hugo Beyer. Mit einer Discographie. it 516

110/7/7.95

Literatur von Frauen im Suhrkamp Taschenbuch Verlag

Gertrud von le Fort: Erzählungen. Mit einem Nachwort von Eugen Biser. it 1512
– Die Magdeburgische Hochzeit. Roman. it 1384
– Die Tochter Jephthas und andere Erzählungen. st 351

Gertrud Leutenegger: Lebewohl, Gute Reise. Ein dramatisches Poem. es 1001
– Das verlorene Monument. es 1315

Liselotte von der Pfalz: Briefe. Herausgegeben und eingeleitet von Helmuth Kiesel. Mit zeitgenössischen Portraits. it 428

Elisabeth List: Die Präsenz des Anderen. Theorie und Geschlechterpolitik. es 1728

Katherine Mansfield: Das Gartenfest und andere Erzählungen. Aus dem Englischen von Heide Steiner. it 1724
– Über die Liebe. Herausgegeben von Ida Schöffling. it 1703

Claire Tomalin: Katherine Mansfield. Eine Lebensgeschichte. Aus dem Englischen von Eike Schönfeld. st 2336

Angeles Mastretta: Frauen mit großen Augen. Aus dem Spanischen von Monika López. st 2297
– Mexikanischer Tango. Roman. Aus dem Spanischen von Monika López. st 1787

Friederike Mayröcker: Die Abschiede. st 1408
– Ausgewählte Gedichte. 1944-1978. st 1302
– Magische Blätter. es 1202
– Magische Blätter II. es 1421
– Magische Blätter III. es 1646
– Magische Blätter IV. es 1954

Alice Miller: Am Anfang war Erziehung. st 951
– Bilder einer Kindheit. 66 Aquarelle und ein Essay. st 1158
– Du sollst nicht merken. Variationen über das Paradies-Thema. Mit einem neuen Nachwort (1983). st 952

Rosa Montero: Geliebter Gebieter. Roman. Aus dem Spanischen von Susanne Ackermann. st 1879
– Ich werde dich behandeln wie eine Königin. Roman. Aus dem Spanischen von Susanne Ackermann. st 1944
– Zittern. Roman. Aus dem Spanischen von Susanne Ackermann. st 2396

Barbara Neuwirth: Dunkler Fluß des Lebens. Erzählungen. st 2399

Ōba Minako: Träume fischen. Roman. Aus dem Japanischen übertragen von Bruno Rhyner. st 2390

Judith Offenbach: Sonja. Eine Melancholie für Fortgeschrittene. st 688

Fabienne Pakleppa: Die Himmelsjäger. Roman. st 2214

110/8/7.95

Literatur von Frauen im Suhrkamp Taschenbuch Verlag

Erica Pedretti: Harmloses, bitte & zwei Romane. st 2518

J. J. Phillips: Mojo Hand. Eine orphische Geschichte. Aus dem Amerikanischen von Barbara Henninges. es 1574

Sylvia Plath: Das Bett-Buch. Aus dem Englischen von Eva Demski. Mit farbigen Illustrationen von Rotraud Susanne Berner. it 1474

Linda Wagner-Martin: Sylvia Plath. Eine Biographie. Aus dem Englischen von Sabine Techel. st 2337

Ilma Rakusa: Die Insel. Erzählung. st 1964

– Jim. Sieben Dramolette. es 1880

– Steppe. Eine Erzählung. es 1634

Gwen Raverat: Eine Kindheit in Cambridge. Roman. Aus dem Englischen übertragen von Leonore Schwartz. it 1592

Der Riß am Himmel. Science-fiction von Frauen. Herausgegeben von Karin Ivancsics. Übersetzt von Peter Hiess. st 2175

Christiane Rochefort: Frühling für Anfänger. Roman. Aus dem Französischen von Eugen Helmlé. st 532

– Kinder unserer Zeit. Roman. Aus dem Französischen von Walter Maria Guggenheimer. st 487

– Das Ruhekissen. Roman. Aus dem Französischen von Ernst Sander. st 379

– Die Tür dahinten. Roman. Aus dem Französischen von Eugen Helmlé. st 2160

– Zum Glück gehts dem Sommer entgegen. Roman. Aus dem Französischen von Eugen Helmlé. st 523

Mercè Rodoreda: Auf der Plaça del Diamant. Roman. Aus dem Katalanischen von Hans Weiss. Mit einem Nachwort von Gabriel García Márquez. st 977

Friederike Roth: Die einzige Geschichte. Theaterstück. es 1368

– Das Ganze ein Stück. Theaterstück. es 1399

– Krötenbrunnen. Ein Stück. es 1319

Renate Rubinstein: Immer verliebt. Aus dem Niederländischen von Rahel E. Feilchenfeldt. es 1337

– Nichts zu verlieren und dennoch Angst. Notizen nach einer Trennung. Aus dem Niederländischen übersetzt von Johannes Piron. Mit einem Vorwort von Norbert Elias. es 1022 und st 2230

– Sterben kann man immer noch. Notizen von einer Krankheit. Aus dem Niederländischen von Helga van Beuningen. es 1433

Nelly Sachs: Fahrt ins Staublose. Gedichte. st 1485

Das Buch der Nelly Sachs. Herausgegeben von Bengt Holmquist. st 398

110/9/7.95

Literatur von Frauen im Suhrkamp Taschenbuch Verlag

110/10/7.95